スピリチュアル・コーチング

すべての答えを〝想い出す〟バランスの法則

はづき 虹映

Kouei Hazuki

ビジネス社

21世紀型「新・仕事」の法則を導く

スピリチュアル・コーチングとは？

取材…林彩子（船井ビジョンクリエイツ）
写真…城ノ下俊治

「仕事」を通して人は幸せになる！

はづき虹映

著作累計50万部突破のベストセラー作家・経営コンサルタント・「誕生日占い©」の生みの親、さらに5人の息子を持つ父親としても精力的に活動を続ける「はづき虹映」さん。彼自身のライフワークともいえる「スピリチュアルとビジネスの融合」を実現するためのスピリチュアル・コーチングについて、熱く語ってもらいました。

「スピリチュアル・コーチング」とは豊かに幸せに生きる知恵

――「スピリチュアル・コーチング」という名前は初めて耳にしました。

はづき虹映（以下はづき） 確かに初めて聞く言葉かもしれませんね（笑）。読者の皆さんにお伝えしたい、これからの時代に必要な新しい「お仕事」です。「スピリチュアル・コーチング」をシンプルに説明するなら、自分の足で「道」を歩くと決めた人や自分の「道」を歩き続けている人を励まし、応援し、見守ることです。

――いわゆる「スピリチュアル」という言葉は今、さまざまなニュアンスがありますよね？

はづき 本書でいう「スピリチュアル」というのは、私たちが「より良く生きる知恵」や「より良く生きようとする想い」のこと。スピリチュアルな知恵とは、「より幸せな生き方」そのものを意味していると想うんです。

――それは新しいとらえ方ですね。

はづき これからの時代に、お役に立つ方法だと想っています。今までの時代は、意識して自分の足で歩こうと想わなくても、社会の仕組みやルールや制約の中で、それなりに楽しく幸せに生きていくことができました。時代のスピードや情報量も、さほど個人格差がなく、日本全国、平均化していて、ある意味、平和な時代でしたから……。

ところが、インターネット時代の本格化と共に、スピードは一挙に加速。情報過多な世の中になって、自分自身で判断をしなければならない場面も増えました。また、金融恐慌に始まった、世界的な経済危機や、さらに環境劣化からくる自然災害なども加わって、ストレスフルな毎日を送る方も多いでしょう。そんな多忙でシビアな時代こそ、自分に内側の魂の声に耳を傾けて「自分の進む道」を取捨選択すること、自らの価値観をはっきりさせていくことが重要だと想うのです。

そこで、求められているのが「豊かに幸せに生きる知恵」を指南し、21世紀型リーダーを育てる方法としての、「スピリチュアル・コーチング」なんです。

――素晴らしい方法ですね!!

はづき流
これからの時代リーディング

――はづきさんは、「お仕事」というのをどうとらえていますか？

はづき　「未来は、ほぼ決まっているから、大丈夫！　楽しんでいきましょう！」って感じです(笑)。私たちの命や人生は、人間として成長・進化するためにある。「お仕事」は、その命を効率的に燃やすエンジンのようなもの。仕事を通して、さまざまな人と出会い、いろいろ体験ができる。「お仕事」を通して、人生の幅を広げて、「人間度」を高め、「人間力」に磨きをかけて、「ヒト」は「人間」になっていく。

もし、仕事という強いモチベーションがなかったら、生涯、チャレンジし続けるのは難しいのではないでしょうか？　ところで、死ぬときに、人智を超えた「大いなる存在」に問われる

はづきさんが主宰するセミナーの様子

仕事をする上では「家族と過ごす些細な日常生活が大切」と話すはづきさんは5人の男の子の父親でもある

テーマを知っていますか？

――えっ!?　それは、なんでしょう……。

はづき　私たちが問われるテーマは、とてもシンプルです。「より愛したか」「より学んだか」「より目的を達成したか」の3つだけだといわれています。これが究極の「生きる意味」。私は、この「大いなる存在」が、スピリチュアル＝「より良く生きる知恵」を私たちに伝えようとしてくれていると想っています。この根源的な知恵を知っている人生と知らない人生とでは、「道」が大きく違ってくるのです。

「誕生数秘学」を使って 人生や時代の「波」を知る

――はづきさんというと「誕生数秘学」というイメージがありますが、これを一言でいうと？

はづき　「誕生数秘学」は、誕生日を元に、算出した数字によって、その人の使命や人生の波をリーディングしていく「人間分類法」であり、「未来予測法」。「スピリチュアル・コーチング」では、この「誕生数秘学」も活用して、気づきを促し、人生がより豊かに幸せになるようにアドバイスしていきます。

――今年は一般社団法人「日本誕生数秘学協会」も創立されましたね。

はづき　はい。私は、「ビジネス」と「スピリチュアル」の融合が、より良い世の中を創るためには欠かせないと想っています。その啓蒙のために、協会を創立しました。「誕生数秘学」を活用すると、人生や時代の「波」がわかり、その運命の波に乗って生きると、「自分の想った通りの人生」を送りやすくなるんです。

――それは楽しそうな人生ですね。

はづき　法則を知れば、誰もが人生や時代の「波」に乗ることができます。２００８年からスタートした21世紀の新しい「流れ」を象徴す

不定期ながら、講演会やセミナーは日本全国で行われている

る「数字」は、「2」。「2」は、女性性を象徴する数字で、ふたつの異なった存在を認め、それらを統合・調和させ、バランスを整えるという意味を持っています。同時に、「分離・裏切り」の意味も持ちます。なので、「不安定で不均衡な年」「ふたつの価値観の間で大きく揺れ動く不安定な年」とも読み取れます。

――揺り動かされる時期でもあるんですね。

はづき　でも、大丈夫ですよ（笑）、すべての答えは、自分の魂が、ちゃんとわかっていますから……。迷ったら、静かに魂の声に耳を傾けてみてください。そして迷わず、あなたがよりあなたらしく、より優しくなれる方を選んでください。これからの時代の判断基準は、「あなたがより優しくなれるかどうか」なんです。

――そういう風に聞くとわかりやすいですね。心にピーンとくる感じがします。

はづき　どちらを選ぶと、自分がよりリラックスできて、より心地よく、より優しく、自分らしく居られるのかを感じてみることです。選ぶときに、自分に響いたものが、今の自分に必要なものです。お金や所有物など、「目に見えるもの」も大切ですが、それと同じくらい、イエ、それ以上に、あなたの「うれしい」とか「良かった」などの心地いい、優しくなれる気持ち、「目に見えないもの」も大事です。

「目に見えるもの」と「目に見えないもの」との「統合・調和」は、21世紀のメインテーマです。ビジネスやお金という「道具（ツール）」を使って、「恐怖」や「争い」といったネガティブなエネルギーをまき散らすこともできれば、「喜び」や「豊かさ」といったポジティブなエネルギーを広げていける可能性もあるのです。

——ポジティブを選ぶか、ネガティブを選ぶか。

それが、運命の分れ道⁉

はづき　イエ、ポジティブを選んでも、ネガティブを選んでも、自分の足で歩いた「道」は、すべて「花道」。間違った「道」や、悪い「道」があるワケではありません。すべての選択権は自分にあり、100％自由で、100％自己責任。自分の足で歩いたところ……そこはすべて「あなたの道」になるのです。仕事やビジネス、お金に、「愛」や「喜び」、「感謝」や「豊かさ」のエネルギーを乗せて、投げかけてみてください。それが、あなた自身を、さらには世界中の人々を豊かにすることになりますから。すべては、伝えるときのエネルギー次第です。どんな想いで仕事をし、どんなエネルギーでお金を扱うのか……。意識ひとつで、すべてが決まってしまうのです。こうした自分なりのものの見方や考え方を指南し、サポートするのが、「スピリチュアル・コーチング」なのです。

——ありがとうございました。

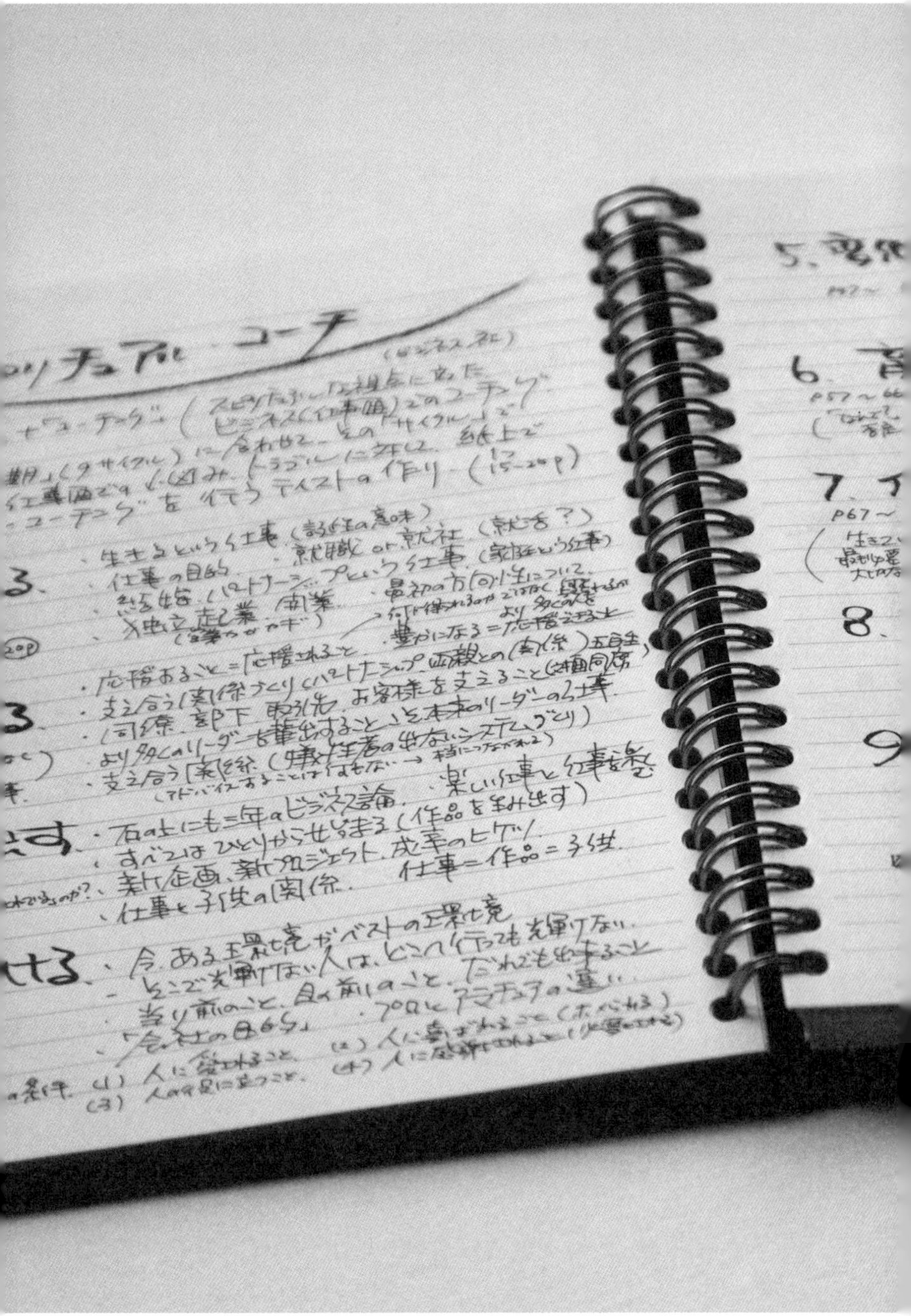

この本の読み方

「自らの人生の波を知り、運命の波に乗ること」
これが私の考える**「究極の成幸法則」**です。

この世のすべては「波動」というエネルギーで出来ています。
命あるものはもちろん、一般に無機物と呼ばれる「モノ」でさえ、分子や原子といったミクロの世界では、常に「波のような動き」を繰り返しているということが、科学的に証明されています。そうした万物が持つ「波のような動き」のことを「波動」と呼ぶのですが、これは「目に見えるモノ」だけに限られたことではありません。

誰の人生にも「好不調の波」があるように、私たちの人生も、この「波のような動き」から大きな影響を受けており、「波動」によって、人生も支配されているのです。
こうした人生における「波」の状態を知るための智慧が、私がまとめた「誕生数秘学」における「9つの波の法則」です。「誕生数秘学」では、人生における「波の動き」のことを「サイクル」と呼び、それが9年周期で巡ってくるという説を採用しています。

数字は、0と1〜9で成り立っており、「9の次はヒトケタ上がって、また1に戻る」という循環を繰り返しています。ですから、人生の時間単位（年、月、日）でみた場合でも、それが「9周期」の「波」によって支配されていると見なすのは、極めて自然な流れだと言えるでしょう。

この「9年周期の全体の流れ・見方のポイント」をまとめたものがP14―15の表なので、ぜひ参考にしてみてください。


ただし、そうした「9つの波（サイクル）の法則」に関して解説することが本書の目的ではないので、ここで詳細を説明することはしません。あらかじめ、ご了承願います。

ご自身の人生に大きな影響力を持つ「波の動き」に関して、ご興味がおありの方は、拙著『誕生日占い　幸運を招く9つの波』（青春出版社刊）をご参照していただければ幸いです。


ここでは、まず**「人生が9年周期の波によって、支配されている」**ということを……、さらに**「自らの人生の波を知ることで、運命の波を乗りこなすことが可能になり、それが人生の成幸をもたらすことになるのだ」**ということを、覚えておいていただけるとうれしいです。

私が目指しているは、「目に見えないスピリチュアルな世界」と「目に見えるビジネス世界」との融合です。このふたつの世界を結び付けるためのヒントが、この「波の動き」にあり、「誕生数秘学」や「9つの波の法則」にあるのではないかと、私は想っています。

人生の中で大きなウエイトを占めている「仕事・ビジネス・経済」においても、「波の動き」を無視することはできません。景気の好不調、流行やトレンドとは「波」そのものですし、企業の業績や個人の成績にも、「波」があることは誰もが実感していることでしょう。

本書では「誕生数秘学」の智慧に基づいて、人生における「波」を9つに分類し、さらに個々の「波」を、仕事やビジネスにおけるシーン別に当てはめて、読み解いてみました。
たとえば、「サイクル1：始める」の項では、「仕事を始めるときに、一番大事なこと」や「就職する意味」「独立起業する時に、最も大切なこと」など、仕事のスタート時点を想定し、そこで大切にしたいことについて、スピリチュアルな視点から読み解いています。
以下、「サイクル2：支える」「3：生み出す」「4：続ける」「5：変化する」「6：育む（はぐくむ）」「7：休む」「8：受け取る」「9：手放す」まで、それぞれの「サイクル」で起こりやすい、仕事上の問題をさまざまな切り口から取り上げてみました。

これらは仕事を続けていく上で、誰もが直面する可能性がある問題であり、人生においても避けて通れないであろう普遍的なテーマだと、私は想っています。

今、あなたが抱えている問題が、9つの「サイクル」のどの辺りに位置しているのかをみることによって、仕事における「自らの現在地」を判断するヒントになるでしょう。また同時に、これから直面するであろう仕事上の課題も明確になってくるものと想われます。

さらに9つの「サイクル」をいったんすべて経験した方にとっては、2度目、3度目の「サイクル」に向かうための課題やヒントが、よりクリアになってくることでしょう。

いづれにしても、人生と同じく、仕事も「これでいい……」という最終のゴールなどはなく、1~9の「サイクル」が環になって、グルグルと循環していくだけなのです。

あなたは今、仕事上で自らが9年周期のどの辺りに居るのか、わかりますか?
あなたの仕事は、「スピリチュアル」と「ビジネス」が融合されているでしょうか?
あなたの仕事は今、「波」に乗っていますか?
それとも……。

9年周期の全体の流れ・見方のポイント

1
躍動
＝
発展

9年周期のスタートの年。新しいことを始める絶好のタイミング。この1年の方向性が、それからの9年間の「流れ」を決める重要な年。

始める

2
停滞
＝
協調

サポーターに徹すると良い年。「1」で始めたことの方向性を試される出来事が起こりやすい。人間関係で「迷い」の出やすい年でもある。

支える

3
躍動
＝
創造

新たな芽が出るも、一進一退を繰り返す。笑いやユーモアを忘れずに、新たな人間関係を大切にすると良い年。

生み出す

4
停滞
＝
安定

堅実、現状維持の年。基礎、地盤を固めるためにじっくり構えた方が良い年。派手な動きは控え、地道な努力を継続すると吉。

続ける

5

躍動
＝
変化

自由と変化の年。新しいものに目移りして、気持ちが不安定になりがちで、落ちつかない1年。旅行や引越しは吉。ただし大きな決断は慎重に……。

6

中庸
＝
愛情

信頼と援助の年。家族や身近な人との信頼関係が深まる年。その分、感情面が強調され、身内との人間関係でのトラブルも起こりやすい。

7

停滞
＝
休息

自分の内面を見つめ直すと良い、内省の時期。休養の年。ペースダウンを心がけ、「ひとりの時間」を大切にすること。自己投資の1年。

8

躍動
＝
充実

願望実現の年。最も目に見える現実的なカタチで、幸運が巡って来るラッキーな年。恩恵を手にしたら、周囲と分かち合うこと。

9

停滞
＝
完結

完成、フィニッシュの年。9年周期の最後の年。ひとつの周期の区切り。整理・整頓、手放しのタイミング。次の周期への準備段階。

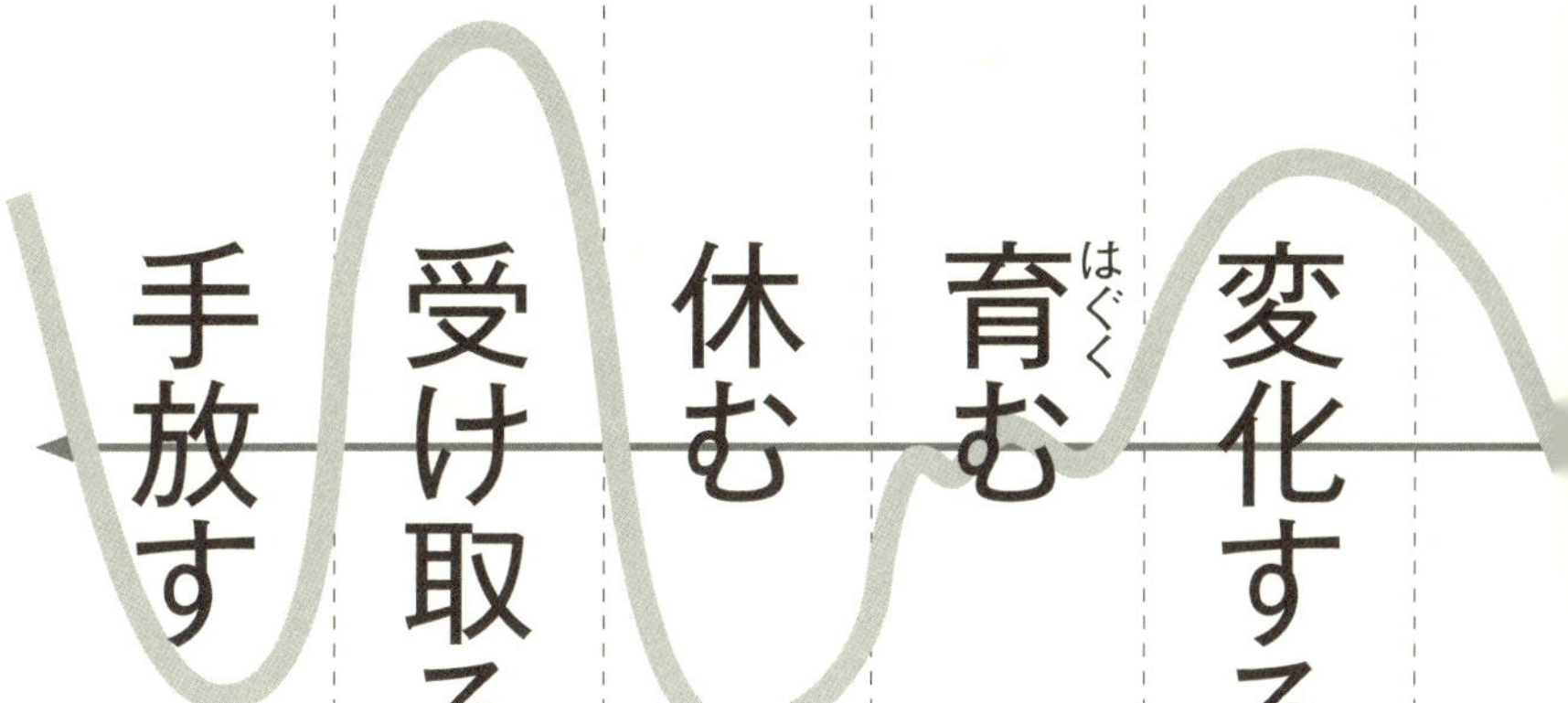

CONTENTS

サイクル 3

067 ：生み出す

サイクル 4

089 ：続ける

サイクル 9

199 : 手放す

サイクル 1

始める

1：始める

「１」は、「発展」の時。

９年周期のスタート・始まりを表します。これからの９年間全体の新たな「流れ」や方向性を決める、非常に重要な時期です。外に向かって、積極的にエネルギーを投げかけていっても良いタイミングです。

樹木の成長に例えると、まさに「種まき」の時期。この時にどんな「種」を植えるのかで、どんな「実」を収穫することになるのかが決まってしまいます。

「１」という数字は、「矢印」を象徴しています。「１」には明確な「向き・ベクトル」があるのです。ですから、この時に何より大切なことは、これから「向かうべき方向」をはっきりと打ち出し、新たな一歩を踏み出すということです。

仕事においては、「入社」「就職」「独立」「開業・開店」など。新しい仕事を始めるのに、最もふさわしいスタートの時期。このスタート時の「向き」や「方向性」がこれからを決める、何より重要な要素になるのは言うまでもありません。

「まかない種が実ることはない、その実がなっているということは、あなたがその種をまいたから……」に他なりません。しかし、このことを自らの人生やビジネスでキチンと理解し、活用している人はなんと、少ないことでしょう……。

さぁ、「ただ、今、ここ」がスタートです。すべてはここから始まるのです。

「生きる」意味と目的を見つめ直す

老若男女にかかわらず、私たち人間なら、誰しも抱えている共通の「お仕事」があります。

「生きる」という「お仕事」です。

これが「命」を持つ私たちにとって、最優先の、最も重要なお仕事です。


すべての「お仕事」は、この「生きる」というお仕事を支えるための、「第2のお仕事」、「サポート的なお仕事」であると言えるでしょう。


これはとてもシンプルな「仕事論」ですが、ここがすべての始まり、スタートラインだと私は想っています。この視点を持ち、常にこの視点から、「お仕事」の在り方を診ていくことが、まさしく「スピリチュアル・コーチング」の最大の特徴ではないかと想っています。

ここが少しでもズレてしまうと、先に行けば行くほど、広がれば広がるほど、本質的な仕事の目的からは、ドンドン遠ざかってしまうことになるので、要注意です。

「生きる」とは、ただ単に「命が生きながらえている状態」を指すのではありません。

本来の「生きる」とは、「命がイキイキと輝いている状態」を指す言葉です。そういう「命がイキイキと輝いている状態」を演出し、サポートしていくことこそ、スピリチュアル的に診た仕事本来の意味であり、目的だと言えるでしょう。

私たちは、ただなんとなく生まれて、なんとなく死んでいくのではありません。

偶然、この世に誕生して、適当に死んでいくために生きているのではありません。

「何のために仕事をするのか？」を自らに深く問いかけることは、結局、「何のために生きているのか」という問いを自分に投げかけているのと同じです。

もちろん、その「問い」に対して、明確な、そして絶対的な「正解」など、どこにもありません。しかし、そうした本質的な「問い」を投げ掛けることなく生きるのは、「ただなんとなく生まれて来て、仕方がないからイヤイヤ仕事をして、なんとなく死んでいく」、そんな人生を、自ら選択しているのと同じことです。

生きることの意味や仕事の目的など追い求めなくても、確かに生きていくことはできます。しかし、そうした意味や目的を、自らに問いかけることができるのは、私たち人間だけに与えられた特権なのです。

ここに、こうした根源的な「問い」を解決するための、重要なヒントが隠されているのではないでしょうか？　私たちは「生きることの意味や目的」をより効率的に、見つけ出すための「手段」として、仕事というものを生み出したのではないかと、私は想っています。「仕事」が先にあったのではなく、「生きることの意味や目的」という「問い」が先で、その「問い」の答えを見つけるために、仕事という「道具（ツール）」を、私たちは生み出したのではないでしょうか？

現在、日本のような先進国では労働人口は減少に転じていますが、世界規模で見れば、現代は新しい仕事が次々と生み出され、仕事の種類は増え、働く人も増え続ける一方です。これは見方を変えれば、現代人がそれだけ「生きることの意味や目的」を強く求め、その答えを切望しているからと言えるかもしれません。

仕事は目的を達成するための手段であって、目的自体にはなり得ません。「生きること」「命を輝かすこと」が主役であって、仕事は脇役に過ぎないのです。

そこの優先順位さえ間違っていなければ、大きく道を外れることはありません。

スタートにおいて、最も大切な問い……。それは、**「あなたの〝お仕事〟の真の目的は何**

ですか？」ということです。

あなたのその「お仕事」は、あなた自身の「命」を、あなたの家族や大切な人、同僚や取引先、お客様の「命」をよりイキイキと輝かすことに貢献しているでしょうか？

あなたの「命」は今、イキイキと輝きを放っていますか？

それが仕事をするに当たって、一番最初の、最も大事な視点だと、私は想います。

仕事を「始める」時に、一番大事なこと

どんなことにおいても、もちろん、仕事においても最初が肝心です。

最初の「向き」が最も大切になるのは、仕事においてこそ、かもしれません。

仕事をするすべての人にとって、最も大切な、そして一番最初の問いかけが、「何のために仕事をするのか？」ではないでしょうか？

職業選択も、あくまで個人の自由なので、どんな目的を持って仕事をしても構いません。

しかし、その目的によって、仕事の成果として受け取るものはまるで変わってしまいます。

「お金を得る」という「目的」で、仕事をしている方も多いでしょう。それは決して、悪いことではありませんが、ではもう一歩踏み込んで「お金を得て、どうしたいのか？」を自らに問いかけてみてください。

「存分に贅沢をする」「美味しいモノをお腹いっぱい食べる」「欲しいモノをバンバン買う」「世界中を旅行してまわる」「セレブな気分を味わう」……などなど。確かに味わってみたい行為に違いありませんが、冷静に考えると、これらの願望はすべて仕事以外のところで、達成されるのではないでしょうか？

少なくとも、こうした願望と仕事とは直接結びつきにくいことは間違いありません。では、これらの願望は、本当に仕事をする最終目的になると言えるでしょうか。これらが仕事の一番の目的で、本当にしたいことなら、仕事などしている場合ではないのではありませんか？

「投げかけたものが返って来る。先に投げかけなければ、返って来ない。今、受け取っているものは、過去に自分が投げかけたもの」という**「宇宙の法則」**が存在します。

イヤイヤ、イライラしながら仕事をしていると、どんなに必死に頑張ったり、我慢して働いてみたところで、その「イヤイヤ」や「イライラ」のエネルギーにふさわしい現象を受け取ることになるのは避けられません。「なんとなく」仕事をしていれば、「なんとなく」あやふやなエネルギーが返って来ることになるだけです。

残念ながら、3次元的に頑張っているとか、ガマンしているとか、関係ありません。ネガティブなエネルギーをまき散らしたまま、どんなに頑張ってみたところで、自分の発しているエネルギーにふさわしいネガティブな現象が、キチンと返って来るだけです。そのあたり、**宇宙がエネルギーの誤配をすることはありません。**

「お金さえ儲かれば、何でもいい」という姿勢で、仕事を始めてしまうと、確かにお金は儲かるかもしれませんが、「お金以外」のエネルギーが返って来ることはなくなります。「お金」が仕事の一番の「目的」になれば、確かに「お金」のエネルギーが一番先に返って来るかもしれませんが、「お金」以外の「豊かさ」や「幸せ」「喜び」といったものは、ずっと後に追いやられてしまうことになるのは避けられないのです。

「仕事の目的」を見つめ直す

私たちが生きていく上で、「大いなる存在」から問われるテーマは、3つ。「より愛したか」「より学んだか」「より目的を達成したか」の3つだけだといわれます。

そこでは、どんな仕事を成し遂げたのかとか、どれだけ頑張ったのかとか、どんなにお金を儲けたのかとか、どんな成果を残したのかなどは一切、問われることはありません。

もちろん、そうしたことに意味がないワケではありません。

しかし、仕事は自らの「使命」を果たすため、より効率的に学び、より多くのことを体験し、自分で設定した目標をより良く達成するための手段に過ぎません。ですから、仕事でどんなに輝かしい成果を挙げたとしても、その目的自体があやふやでは、仕事をする本当の意味が見出せないままになってしまいます。

そうやって「仕事の迷路」に迷い込んでしまわないためにも、「何のために仕事をするのか？」という問いかけを、常に忘れないようにしたいものです。

「何のために仕事をするのか？」の問いかけは、言い方を換えれば、**「仕事を通じて、どこを目指し、何を体験しようとするのか？」**ということです。それがはっきりしないまま、仕事をするのは、目的地も決まっていないのに、「旅」に出かけてしまうようなものです。

もちろん、誰もが最初からはっきりと「目的地」を明確に意識して、仕事を始めるワケではありません。むしろ、ほとんどの人は「なんとなく」とか、「仕方なしに」仕事を始めて、その過程で、段々と「目的地」がはっきりとして来るのだと思います。

私自身も、最初の会社に就職した時は、「仕事の目的」なんて、真剣に考えたことはありませんでした。なので、必ずしも「仕事の目的」が明確になっていなくても構いませんが、少なくとも「何のために仕事をするのだろう……？」という「問いかけ」だけは、忘れないようにして欲しいものです。

なんとなく「仕事」を始めてしまったとしても、ほとんどの人は、どこかで必ず、そうした根源的な「問い」、「何のために仕事をするのか？」という本質的な「問い」にぶつかるハズです。

そこで、その根源的な問いに対して「キチンと向き合い、突き詰めていくのか」、それとも「見て見ぬフリをして、誤魔化すのか」で道は大きく、ふたつに分かれることになるのです。

どちらの「道」を選んだとしても、仕事を続けていくことに変わりはありませんし、仕事をする大変さはちっとも変わらないかもしれません。しかし、片方は「答え」に続く道であり、もう一方は「答え」から遠ざかる道に他なりません。

高度経済成長期のように、「働くこと」それ自体が、「生きる目的」になっていた時代は、「仕事の目的」など、二の次でも良かったのかもしれません。しかし、今は時代が変わりました。もう、仕事自体が「目的」になる時代ではありません。仕事は、「目的」を達成するための「手段」に過ぎないということに、多くの人が気づき始めています。

それは仕事が本来の形に落ち着いてきた証しであり、地球全体が確実に進化している証拠だと言えるのでしょう。

昨今の世界的な経済危機は、いま一度、「仕事の目的」を真剣に見つめ直すチャンスなのです。ある意味、これは宇宙からの恩恵・ギフトであり、仕事を、より本質的に、スピリチュアルなレベルでとらえ直す絶好の機会なのです。

これからの時代は、仕事にスピリチュアルな視点を取り入れないと、仕事を続けることさえ難しいと言わざるを得ません。**すべての仕事をスピリチュアルな視点に立って、イチから見直す時期が今、訪れているのです。**

「就職する」本当の意味とは……？

スピリチュアルなレベルから診た「生きる目的」は、「さまざまな体験を味わい、より進化すること」です。「より進化する」とは、「より自由度が拡大する」ということです。

確かに100年前と比べて、今の暮らしは、あらゆる面で飛躍的に自由度がアップしています。インターネットを使えば、瞬時に世界中の人とつながることが可能ですし、その気になれば、宇宙へだって飛び立てる時代です。社会的な制約も自由になり、同性婚まで認められる時代になって来ています。そうやって物理的な自由度が広がれば広がるほど、体験のバラエティというか、体験できるメニューもドンドン増えていくワケです。

このように精神的、物理的な自由度が拡大する方向に進化していっているのは、その方向性が宇宙の目的に叶っているからに他なりません。

新たな仕事の種類が増え、働く人の数が年々増加していっているのも、やはりその方向性が宇宙の目的に叶っているからだと、私は想っています。実際、「さまざまな体験を味わい、より進化する」という目的を達成するためには、仕事ほど適した行為はありません。

生きていく上で、今は仕事が最優先のモチベーションになっています。どんな約束より、仕事の約束が優先されるのも珍しいことではありません。仕事だからこそ、遠い距離を移動して、あっちこっちに出向き、知識やスキルを身につけ、知らない人とも一生懸命コミュニケーションをとり、初めてのことにも果敢に挑戦しようとするのではないでしょうか？

もし、そこから「仕事」というモチベーションがなくなってしまったとしたら、私たちはここまでガムシャラに動き、さまざまな体験を味わうことはできたでしょうか？

「さまざまな体験を味わえること」こそ、仕事をする最大のメリットではないか、と私は想っています。実際、仕事を通じてでしか味わえない体験がたくさんあります。

一時は、私も仕事を優先しない生き方に憧れましたが、同時にどこかで物足りなさも感じていました。それは今にして思えば、この「仕事を通じて味わえる、さまざまな体験」が減少してしまうことに対する物足りなさだったのかもしれません。

就職する本当の目的は、「お金」や「技術」を身につけることではなく、仕事を通じて「さまざまな体験を味わい、より進化する」ということなのかもしれません。就職して、仕事に携わることで、初めて「生きる意味」が明確になり、自らの体験数が増え、進化が加速されるのです。

少なくとも、就職せずブラブラしているより、仕事をしている方が、明らかに体験の幅が広がり、学びが加速されることは間違いありません。そして、それはまさしく宇宙の目的に叶っています。

「就職活動」は大学や企業が勧めているように見えますが、スピリチュアルな視点から診れば、「就職」を最も望み、歓迎しているのは、宇宙そのものなのかもしれません（笑）。

独立起業する時に、最も大切なこと

仕事上で、「始める」といえば、「入社」「就職」と並んで、「転職」「独立起業」というキーワードがすぐに想い浮かぶことでしょう。今は昔のような終身雇用制度が崩壊していますし、転職の自由度も上がって来ていますから、その選択肢の中に、「独立起業」が入って来ても、何の不思議もありません。

今はこういうご時世ですし、私もコンサルタントという仕事柄、実際に「独立起業」に関するご質問もよく頂戴します。

「独立起業する時に、最も大切なことは何ですか？」と聞かれたら、私はこう答えるでしょう。ズバリ！「営業力です！」……と。

「なんだ、『スピリチュアル・コーチング』といっても、結局は営業のススメなのか……？」と、ガッカリしないでくださいね（笑）。

ここは、とても大切なところなので、シビアに行かせてください。

仕事の種類は、研究開発や企画、販促や宣伝、経理や財務、総務や人事などさまざまですが、独立起業した場合、まず何よりも最初に求められるのは、営業力なのです。

ここがすべての仕事を生み出す最初の入り口であり、会社という車を走らせるためのエンジンに相当し、会社の方向性を決める「矢印」の役割を担うことにもなります。そういう意味で、**社長は「営業の専門家」**でなくてはなりません。営業力がないと、独立しても成功はおぼつきませんし、営業力のない社長では、社長を続ける資格はありません。

「資格をとって、独立起業」というフレーズがありますが、残念ながら、それがどんなに価値のある資格であったとしても、資格をとっただけでは、独立して成功することはできません。正確に言えば、独立することはできても、経営を続けていくことは難しい……。

営業力が伴わない資格は、「絵に描いたモチ」に過ぎず、資格だけでご飯を食べていくことはできません。

営業が苦手だという方は多いと想います。しかし、営業に対する苦手意識の多くは、**「20世紀型の力の営業」に洗脳されていた弊害**に過ぎないと私は想っています。確かに、力づくでお客にモノを買わせたり、無理矢理押しつけられたノルマに追いかけられるような営業スタイルでは、「営業恐怖症」になるのも無理はありません。

しかし本来、モノを売ったり、買ったりするという行為は、人の喜びにつながっています。営業を経験した方なら、きっとわかると想いますが、自分の営業している商品が初めて売れた時は、飛び上がるほどうれしいものです。そこに「喜び」を感じない人など、ひとりも居ないと想うのですが……。

本当の営業力とは、「お客様の喜びに共鳴する能力」だと、私は想っています。お客様の立場に立って、「こんなモノがあったらいいな」を形にし、喜びと共に提案していくことが営業本来の仕事です。そのためには相手の立場に立って、物事を柔軟に考える想像力や共感力、豊かな感性などが要求されます。

営業は、眉間にシワを寄せて、「ねばならない」ですするものではありません。それは営業という名の「エネルギー強盗」です。相手から何かを「奪う」意識で仕事をしている限り、そこから「喜び」が生まれるハズもありませんし、「喜び」の伴わない仕事が大きく発展することも、長続きすることも決してないと確信しています。

「20世紀型の力の営業」に対して、**21世紀型の営業は「つながる営業」**だと、私は想います。時代は従来の「奪う営業」「力で抑えつける営業」から、「分かち合う営業」「自然発生的な『この指、止まれ』型の営業」に変化・移行して来ているのです。

それを可能にしたのが、インターネットというツールです。インターネットの誕生によって、今までの営業スタイルが、激変したと言っても過言ではありません。

「私はコレが好き！」「こんなことができます！」とインターネット上に発信するだけで、全世界の人を相手に、営業することが可能になったのです。これによって、従来の歪んだ、力づくの営業スタイルが、営業本来の在り方に近づいてきたと、私は想っています。

本来の営業とは、「あなたの想いのエネルギーを、モノやサービス、商品に乗せて、より多くの人に投げかけ、分かち合うこと」に他なりません。私たちは情報やサービスを営業していると想っているかもしれませんが、本当はそのモノやサービスに付随するエネルギーの方を、メインで売っているのです。

スピリチュアル的に診れば、エネルギーが主役で、モノや情報、サービスはあくまで脇役なのです。

営業で大きな実績を挙げている人はみな、「あの人から、買いたい」と想わせる「何か」を身に付けています。それはモノをメインに売っているのではなく、その人がその人自身のエネルギーを「分かち合っている……」、つまり自分のエネルギーを営業し、販売しているからに他なりません。そう、仕事は……、営業とは、自己表現そのものです。

ここでも何より大切なことは、あなた自身が、どんなエネルギーを発信するのか……です。あなたが外に向かって投げかける、最初のエネルギーの「向き・ベクトル」によって、受け取る報酬の中味がその時点で決まってしまうので要注意です。

営業を通じて、自らが「喜び」や「ワクワク」といったポジティブなエネルギーを発信すれば、当然、「喜び」や「ワクワク」というポジティブなものが報酬として返って来ます。もちろん、その報酬がお金というエネルギーになって、返って来る場合もあるでしょう。


独立起業する時に、最も大切なこと……。

それは、営業力であることに間違いありません。しかし、あなたが最初に営業すべき商品は、あなたの会社の商品でもサービスでもありません。**最高の売り物は、あなた自身です。**

あなたが自らを素直に自己表現すること。それが営業という仕事に他なりません。独立起業するということは、あなた自身のエネルギーを表現する、つまり、モノやサービスに託して営業するということに他なりません。独立しても、あなた自身が売れなくて、あなたの商品やサービスが売れるワケはないのです。

サイクル1

パートナーシップという「お仕事」

いきなりですが、私たちはどうやってこの世に生まれて来たのでしょうか?

現在の地球上では、「ひとり」で妊娠し、出産することは不可能です。私たちが命を生み出すためには、男と女の両性が必要で、どちらか一方では、命を生み出すことができないというのが厳然たる事実です。

この地球上で暮らす60億を超えるすべての人間に例外なく、「お父さん」と「お母さん」が存在しています。これを私たちは、当たり前のことのように想っていますが、冷静に考えると、かなりスゴイことではないでしょうか?

私たちの命が「お父さん」と「お母さん」の「出会い」によって成り立っているという事実は、冷静に考えてみると、かなり衝撃的なインパクトを与えてくれます。

私たちは「命より大切なものはない」とか、「ひとつの命は地球よりも重い」などと言いますが、その大切な命を生み出す元は、「男女の出会い」であり、パートナーシップそのものにあることを、明確に意識している人は極めて少ないのかもしれません。

どんなに科学が進歩したところで、「命」そのものをゼロから生み出すことはできません。クローン技術も「モト」があればこそ、成り立つ技術であって、まったくのゼロから「命」

を生み出すことは、世界中の科学者が束になってもできない仕事です。全人類の英知を集結させ、現代のすべての技術と世界中のすべてのお金を投入してもなし得ないような大仕事を、あなたの「お父さん」と「お母さん」はやってのけたのです。ふたりのパートナーシップという「お仕事」がなければ、あなたという「命」がこの世に生まれることはなかったのですから……。

人生で仕事やライフワークに打ち込むことも良いでしょう。生活する上ではお金も大切な手段ですから、それを求めるのも悪くはありません。

しかし、その原点には、常に「命」があります。「命」がなければ、お金も、仕事も、天職やライフワークも、何の意味もなしません。その「命」に直結している、最も尊い、いちばん大事な「お仕事」が、男女のパートナーシップに他なりません。

パートナーシップを「お仕事」と表現することに違和感を感じる方もおられるかもしれませんが、**「新たな命を生み出すこと」以上に、大切な仕事はない**と確信しています。それが「スピリチュアル・コーチ」として、私が最も大事にしているスタンスです。

パートナーシップという「お仕事」を難しく考える必要などありません。

「お父さん」と「お母さん」がお互いを受け容れ、より仲良くすること。それがパートナーシップという「お仕事」の目的です。そして、そこが、すべての「命」の原点です。

何のために仕事をしているのかといえば、まずは「自分の喜び」のため……、そして同時に「愛する人を喜ばすため」ではないでしょうか？「自分の喜び」が、「愛する人の喜び」につながっていないような状態で、本当にその仕事をする意味があるのでしょうか？

「パートナーシップこそ、世界で一番大事なお仕事」である。

そこを仕事の原点、すべての仕事のスタートラインに置くことで、今までの「仕事」に対するとらえ方やスタンスが一変して来るのではないかと私は想うのですが、どうでしょう。

サイクル 2

支える

2：支える

「2」は、「協調」の時。

忍耐と協力を強いられる時期です。縁の下の力持ち、サポーター、女房役に徹すると良いタイミングです。「1」の時とは打って変わって、どちらかといえば、地味な印象になることは否めません。

樹木の成長に例えると、「2」は、まさに「お手入れ」の時期。適度な水遣り、日光や養分をバランス良く与えていく時期です。この時期は外側から見て、目立った変化が見られないので、イライラしてしまうかもしれませんが、ここで焦ってはいけません。「1」でまいた「種」は分裂を繰り返しながら、土の中で確実に成長しているのです。

「2」は、女性性を象徴し、「協調・調和・受容していくこと」を意味する数字です。

仕事においては、裏方に回って、誰かを応援したり、支えたり、あるいはコツコツと協力者を募ったり、全体のエネルギーを調整したり、苦手な人や異質な人を受け容れるために自分自身を変えていくことが求められる時期です。

この時期は、自分の意見や主張は少し控えて、聞き役に徹すること。自らの内面を統合していくことと同時に、周りと足並みを揃えて、協調していくことが求められ、「バランス感覚」が何より大切になるでしょう。

サイクル 2

「応援すること」と「応援されること」の本当の関係性

仕事はひとりでは成り立ちません。

仕事とは「社会とつながる」ための「道具（ツール）」であり、「手段」です。

ひとりで自給自足の生活をしていれば、生きていくことはできたとしても、それを仕事とは呼べません。誰かとつながらないと、仕事とは呼べないのです。ここに仕事をする本当の目的が隠されているように想います。

スピリチュアルな視点から診た、仕事での成果を測るひとつの指標が、**「どれだけ多くの人とつながったか？」**ということです。言い方を換えれば、**「あなたの仕事はどれだけ多くの人の喜びに貢献したのか？」**ということです。「喜び」の部分を、「感動」や「感謝」という言葉に入れ替えても良いでしょう。そうしたポジティブなエネルギーを通じて、どれだけ多くの人とつながることができたのかが、仕事の成果を決めることになるのです。

たとえば、プロ野球選手というお仕事は、野球というスポーツを通じて、多くの人に感動や喜びを与えています。「ここぞ！」という場面で三振をとったり、ホームランを打つことによって、スタジアムに居る何万人という人や、テレビで観戦している何百万人という人に感動のエネルギーを与えています。野球選手の1投1打に集中している時、観客である私たちと選手は、エネルギー的に確かにつながっているのです。

スピリチュアルな視点から診れば、プロ野球選手にとって、野球そのものが仕事なのではなく、「野球というスポーツを通じて、感動や喜びのエネルギーで多くの人とつながること」こそ、本当の仕事です。そして、より多くの人とエネルギー的につながることによって、それが「お金」、つまり「年棒」という形で返って来ることになるのです。

「つながる」ということは、言い方を換えれば、「応援する」ということです。

「よりたくさんの人とつながる」ということは、「より多くの人を応援する」ということに他なりません。そして、「より多くの人を応援する人」こそ、「より多くの人から応援される人」となるのです。「より多くの人から応援される人」になることこそ、仕事で成果を挙げて、成功するためには欠かせない条件です。

つまり、幸せに成功した「成幸者」とは、「より多くの人から応援される人」であり、「成幸者」になるためには、「より多くの人を応援する人」になることが近道なのです。

仕事で成果を出したかったら、「より多くの人から応援される人」になることです。あなたひとりがどんなに頑張ってみたところで、ひとりでできることなんて、たかが知れています。残念ながら、「私が……、オレが……」とひとりで頑張っている限り、仕事が本当にうまくいくことはありません。

プロ野球選手の場合、一見、圧倒的に応援されているように見えますが、彼らはプレーを通じて、観客に先に喜びや感動を与えて、多くの人を応援しているのです。先にそういう応援のエネルギーを投げかけているからこそ、応援されるような選手になるのです。そして人々の応援のエネルギーが集まれば集まるほど、仕事の成果、つまり高いパフォーマンスを表現できるようにもなるし、それが報酬という形で跳ね返ってでも来るのです。

あなたの周りにも、なぜか「応援したくなる人」がきっと居ると想います。どうしてその人のことを応援したくなるのかを、ちょっと観察してみてください。

その人は、きっと誰か他の人を応援しているハズです。見えないところで、さり気ない心遣いをしたり、優しいひと言をかけたり、誰かのお手伝いをしてあげたり……。

そんな些細なことで良いのです。行為自体は些細なことかもしれませんが、そうした優しい心遣いをされた側は、とっても喜んだり、感動したり、感謝しているかもしれません。そうした些細な「応援エネルギー」の積み重ねが、結果的に「応援されるエネルギー」となって返って来るのです。それが仕事の成果として表れることになるのです。

エネルギー的に診れば、「応援すること」と「応援されること」は同じエネルギーの裏表で分けることはできません。「応援される人」になりたければ、まずは「応援する人」になることです。あなたの周りの身近な人を気軽に応援してあげましょう。

「笑顔であいさつする」とか、「ちょっとしたお手伝いをする」とか、「こちらから気軽に声をかけてみる」とか、できる範囲の、そんな些細なことで良いのです。

あなたが「応援する人」を意識的に続けていると、あなたの周りに「応援してくれる人」がドンドン増えて、いつの間にか、「応援される人」になっていることでしょう。

支え合う関係作りのポイント

人という文字は、ふたりの人が支え合っている様子を表した文字だといわれています。

「ヒト」として生まれれば、「ヒト」には違いありませんが、それだけで「人間」になるワケではありません。「人の間」と書いて「人間」となるように、「ヒト」は「ヒト」の間で生きていく課程で、「ヒト」から「人間」になっていくのです。

そういう観点から見れば、お仕事をするということは、「人間度」を高めてくれる、最も効率的な機会を得ていると言えるかもしれません。

仕事でなければ、苦手な人と四六時中、ヒザをつき合わせることもないでしょう。まったく違う世代とコミュニケーションをとる必要性もないでしょうし、理不尽なお客さんに対してアタマを下げることもないでしょう。しかし、そうした自分とは遠い価値観を持つ、いろいろな人々の間で仕事をすることによって、私たちは「人間度」を高め、「人間力」に磨きをかけて、「ヒト」から「人間」になっていくのかもしれません。

先ほど、「応援すること」と「応援されること」は同じエネルギーの裏表であり、「応援される人」になるためには、「応援する人」になることだと書きました。

確かにその通りなのですが、「応援して欲しい」という期待を込めて応援すると、その期待は裏切られることになるので要注意です。エネルギー的な仕組みとしては、確かにこの通りなのですが、「応援して欲しい」と期待するのは、不安や自信のなさの表れで、結局、それは相手に依存しようとしているだけです。

「応援してあげたい」と素直に想うのは、自ら投げかけるポジティブなエネルギーですが、そこに「応援してあげるから、応援してくれないと許さないわよ……」などというネガティブなエネルギーが入り込むと、結局は取引をしているだけで、期待していた以上のエネルギーが返って来ることはないので要注意です。


誰かを「応援する人」になる前にクリアすべき条件があります。

まず、自分がひとりの「人間」になっていること。

厳しいようですが、自分がちゃんと自立していない状態で他人を応援することなどできません。「人間」として、キチンと自立していない状態で他人を応援するのは、応援しているように見せかけて、相手をコントロールしたり、相手に依存しようとしているだけです。

それでは本当の意味で「応援されること」もありませんし、「応援される人」にもなれません。応援したり、されたりする前に、「人間」として、人の間で、しっかりと自分の足で立つこと。エネルギー的に診て、自立していること。これが、応援したり、されたりという関係を築く前の前提条件です。

そういう観点から見れば、ニートや引きこもりなどで、経済的に自立していないのはエネルギー的に診て、「人間」になりきれていない状態だと言えるかもしれません。もちろん、それぞれ個々に事情があるので、すべてをそうだと決めつけるワケにはいきませんが、エネルギー的に診れば、これは親子関係が「ヒト」のままの状態で止まっているようなものであり、お互いに相手に依存し、もたれ合っているという構造です。

「支え合う関係」と「もたれ合う関係」は、「似て非なるもの」です。

もちろん、どちらの人もそれぞれに仕事を持ち、経済的にも自立していないといけない……というワケではありません。しかし専業主婦の方であっても、「経済的にも自立してやっていける」という自信を持っているかどうかは、大きなポイントになります。実際に仕事をしているかどうかではなく、もし、何かあれば、「私はひとりでも経済的に自立してやっていく」という覚悟の問題です。その覚悟をした上で、自分の与えられた役割（専業主婦の方なら、毎日の家事など）をキチンとやっていれば、問題はありません。

サイクル 2

そうやって**自立した「人間」同士が、応援したり、応援されたり……という相互依存の関係性を築いていくことが、「支え合う関係作り」のポイント**になるのではないかと、私は想うのですが、どうでしょうか？

「ホワイトメンター」と「ブラックメンター」

スピリチュアルな視点から診れば、この世で出会う人は、すべて必然で、無駄はなく、出会うべくして出会っているといわれます。それも遅くもなく、早過ぎもせず、常に最適のベストのタイミングで、ピッタリの人と出会っているのです。

確かに、あなたの周りにいる上司や同僚、部下や後輩、取引先の人やお客様まで、すべての人との出会いが必然であると言われても、ピンと来ないかもしれません。

もちろん、この考え方を採用してもしなくても構いませんが、実際にあなたは「出会った人」にしか、出会えていないワケですから、やはりその人と出会う必要があった……と考えるのが自然だし、それが厳然たる事実なのです。

「対面同席五百生（ごひゃくしょう）」というお釈迦様の言葉があります。

これは「対面して（主に食事の）席を同じくするような相手とは、すでに過去世で五百回くらい会っているほど、ご縁の深い相手だ」という意味です。

普通に考えて、食卓を囲む機会が圧倒的に多いのは家族でしょうが、その次に多いのが会社の同僚ではないでしょうか？　人によっては家族よりも会社の同僚と食事の席を同じくする頻度が高い人もいらっしゃることでしょう。実際に私たちは、起きて活動している時間の大半を仕事に費やしているワケで、家族と一緒に過ごす時間より、会社の上司や部下、同僚たちと一緒に過ごしている時間の方がずっと長い場合も珍しいことではありません。

二度三度と食事を一緒にするような人はかなり親しい人に違いありませんが、家族以外で、ほぼ毎日顔を合わせて、食事の席を同じくする相手とのご縁が浅いハズがありません。そう考えると、あなたの席から見渡したところに座っている、会社の同僚の皆さんとは、過去世でもすでに五百回くらい、ご一緒していたほど縁が深い人と言われても、なんとなく納得できるような気がしませんか？

中には「エーッ、あの人と過去世でそんなに深い縁があったなんて、信じられない……。それだけはイヤ！」と強く反応する方がいらっしゃるかもしれませんが、残念ながら、そうやって強く反応することこそ、ご縁が深い証拠かもしれません。

あなたは「メンター」という言葉をご存知でしょうか？

最近、**「人生の師、師匠、尊敬する指導者」**というような意味合いでよく使われる言葉です。この「メンター」にも2種類あって、ひとつは**「ホワイトメンター」**、もうひとつは**「ブラックメンター」**と呼ばれます。「ホワイトメンター」はストレートに「師匠」という感じですが、「ブラックメンター」は「反面教師」と呼ばれるような存在で、いわゆる「悪役」です。映画『スター・ウォーズ』の主人公、ルーク・スカイウォーカーにとっての「ホワイトメンター」はヨーダであり、「ブラックメンター」に当たるのが、さしずめダース・ベイダーというところでしょうか？

『スター・ウォーズ』は勧善懲悪のわかりやすいストーリーが世界中の人々に受けた要因のひとつだといわれていますが、その中でヨーダとダース・ベイダーの役どころは、とても重要です。彼らの存在がなければ、物語は成り立たないと言っても過言ではありません。ダース・ベイダーが居なければ、物語自体が始まりませんし、ヨーダが居なければ、ルークの成長は望めませんし、ワクワク感も生まれて来ないでしょう。

これとまったく同じことが誰の人生にも当てはまります。誰の人生にも「ホワイトメンター」も居れば、「ブラックメンター」も存在するのです。どちらか片方だけ……という人も居なければ、どちらも居ない……という人も存在しません。さらにひとりの人が、時には「ホワイトメンター」になったり、別の場面では「ブラックメンター」を演じる場合もあるでしょう。しかし、いずれにしても、その人があなたの「メンター」であることには変わりがないのです。

「出会う人、皆、わが人生の師」という言葉がありますが、スピリチュアル的に診れば、その通りなのです。何らかの目的……、つまり人生でお互いが何かを学び合うという約束をしていなければ、この世で出会うことはありません。

私たちが一生かかって出会える人の数など、たかが知れています。毎日、ひとり新しい人に出会ったとして、60年かかって、2万人ほど……。地球上に60億人以上の人間が生きていますから、それは人口比率で言えば、わずか0・000003%ほど。生涯で2万人の人に出会ったとしても、地球上の99・99%以上の人とは出会えないというのが事実です。

そんな、ほとんど奇跡的な確率でしか会えないような人たちが、偶然？　あなたの周りに集まって来て、たまたま出会えているワケはないのです。

目の前の人はすべて、自分の鏡

あなたの目の前に居る人、周りに居る人は、あなたの内面を映し出す鏡です。「ブラックメンター」が「問題のある人」なのではありません。その人自身が「問題」なのではありません。あなたが内面に抱えている「問題」を、その人、「ブラックメンター」さんが映し出して、あなたに見せてくれているだけなのです。

絶対的に「イライラさせる人」が存在するワケではありません。同じことを見ても、イライラする人も居れば、何も感じない人も居ます。あなたがイライラした瞬間に、あなたが「イライラさせる人」を誕生させたのです。その人を見て、あなたがイライラするのは、自分の中で禁止していることを相手が見せてくれているからです。

たとえば、あなたが頑張って禁煙している時に、目の前で美味しそうにタバコを吸われたら、きっとアタマに来るでしょう。「なんて、ひどいヤツだ！」と想うかもしれません。しかし、タバコを吸わない人にとっては、その人は「単なるタバコを吸っている人」であり、それ以上でも、それ以下でもありません。そこに何の感情も湧いて来ません。「ブラックメンター」とはそういうものです。あなたにとっては「ブラックメンター」であっても、他の人にとっては「ただの人」かもしれませんし、「ホワイトメンター」になっている場合だってあるでしょう。

「そんなことはない。みんな、あの人のことで迷惑している」と、あなたは想うかもしれませんが、本当にそうでしょうか？

残念ながら、「みんな」などという人は存在しません。「みんな」はあなたが作り出した、架空の存在です。あなたにとっては「ブラックメンター」だとしても、「みんな」にとっての「ブラックメンター」であるとは限りません。

誰もが、誰かにとっての「ブラックメンター」であり、「ホワイトメンター」を演じているだけのことなのです。

私たちは生きている限り、自分自身を自分の肉眼で見ることはできません。

鏡を通して自分の姿を見ることはできても、その鏡の中の自分は本当の自分ではありません。生きている限り、私たちはこうした何か、鏡のようなものを通してしか自分を確認することができないような仕組みになっています。

これが「人の間で、人間になる」ということにつながります。「人のフリ見て、わがフリ直せ」ではありませんが、**この世では、私たちは他人という存在を通してしか、「本当の自分」を見ることができないような構造になっているのです。**

ここに「支える」ということの真の意味があります。

「支える」「助ける」「サポートする」「応援する」というのは、相手のためにするのではありません。「世のため、人のため」「相手のため」は結局、偽善につながるだけです。

仕事を通じて、上司を支えたり、部下を助けたり、取引先をサポートしたり、お客様を応援したりするのは、相手のためのようですが、結局、すべて自分のためになるのです。

すべては鏡に向かってしていることなので、鏡の向こうの相手にしていることは、自分自身に対してしているのと同じです。

あなたが誰かを支えれば、誰かがあなたを支えてくれます。

あなたが誰かを助ければ、今度はあなたが、誰かから助けられることになるのです。

あなたが誰かをサポートすれば、いつしか、あなたがサポートされる側になります。あなたが誰かを応援すれば、やがて、あなたも応援される人になるのです。

多くの人から応援されることによって、あなたの元には幸せや豊かさなど、プラスのエネルギーが集まって来ます。それによって、あなたはさらに気持ち良く、周りの人を応援するという好循環が生まれることになるのです。

21世紀型リーダーの条件とは……

今までのリーダー、特に20世紀型のリーダーに求められていた資質は、「道を指し示す力」でした。多くの人の先頭に立って、組織を引っ張っていく指導力や推進力、競争に打ち勝つための強さや誰にもマネのできないような独創性が、リーダーに求められる資質でした。

私の専門である「誕生数秘学」で診ると、20世紀、つまり1900年代は、「1」の時代であり、あらゆる面で男性性が強調された時代でした。ですから、リーダーに求められる資質も、「トップ」「1番」「パワフル」など、男性的なエネルギーに偏ってしまっていたのも仕方ありません。

しかし、時代は明らかに変わりました。２０００年代を象徴する数字は「２」です。もう20世紀の「１」ではなく、21世紀の「２」の時代に入っているのです。「２」の時代に必要なのは、１番を目指す男性的なエネルギーではありません。これからの時代に必要とされるのは「協調・調和・統合」の女性的なエネルギーです。20世紀と21世紀とでは、リーダーに求められる資質が、１８０度変わってしまっているのです。このことに気づけないリーダーや組織は、残念ながら、この先、どんなに頑張ってもうまくいくことはないと、私は想います。

これからのリーダーに求められる資質は、「引き出す力」です。

今までのように、他の人を強く「引っ張っていく力」ではなく、その人の中にある潜在的な才能や能力、魅力に気づき、それを磨き、サポートしていく力です。これからは、「どれだけの多くの人を指導し、大きな組織を束ねたのか……」ではなく、**「どれだけ、たくさんのリーダーを輩出し、育てることができたか……」**なのです。

そのリーダーも、もちろん20世紀型の「引っ張っていくリーダー」ではなく、21世紀型の「引き出すリーダー」であるのは当然です。もう、リーダーが誰かの上に立つという時代ではありません。これからのリーダーとは、今までの価値観で言えば、サポーターに近いかもしれません。つまり、周りの人を常に「支える」「助ける」「サポートする」「応援する」、そして「共感すること」こそ、これからのリーダーの仕事に他なりません。

そして、それこそ、実は昔から変わらぬリーダー本来の在り方なのです。

幕末の志士を指導した「松下村塾」を開いた吉田松陰さんの元からは、明治維新を支えた人物が多数輩出されました。彼らは長い者でも1～2年、短い者は数ヶ月という短期間だったにもかかわらず、木戸孝允、高杉晋作を初め、伊藤博文、山縣有朋など、そうそうたる人物がそこから育っていったとされています。

吉田松陰さんの「松下村塾」の特徴は、一方的に師匠が弟子に教えるものではなく、松陰さんが弟子と一緒に対等に意見を交わしたり、文学だけでなく登山や水泳なども一緒に行うという、今でいう「総合学習」のようなものだったそうです。

その中で松陰さんは、弟子を「さん」づけで呼んで敬い、上から一方的に指導するという立場ではなく、相手に応じて、その人の長所を引き出すような指導法を採用したといわれています。これは当時としては画期的なやり方で、それによって、多くの人が短期間に才能を開花していったと語り継がれています。この吉田松陰さんのやり方こそ、まさに「引き出すリーダー」の見本です。

今の時代は、明治維新の時とよく似ていると指摘する方もいらっしゃいます。確かに環境としては似ていますが、今の方がスケールは何倍にも拡大していると言えるでしょう。

明治維新は日本という国レベルの問題でしたが、今はそれが地球規模に拡大しています。環境問題にしろ、食糧問題や金融危機、核兵器や紛争、テロなど、あらゆる問題がどこかひとつの国だけで片付くレベルではなくなっています。

だからこそ、国を超えて、新しい形のリーダーが出て来ないといけないのですが、それは決して20世紀型の「引っ張るリーダー」ではなく、カリスマ的な個人でもないと私は想います。私は、**日本こそ21世紀型の「引き出すリーダー」の役割を担う国だと想っている**のですが、少し買いかぶり過ぎでしょうか？

そのためにも、まずは日本の中で、ひとりでも多くの21世紀型の「引き出すリーダー」が生まれるといいなぁと想っています。それを実現するために最も必要な知恵が「スピリチュアル」だと信じて、私は「スピリチュアル・コーチ」を名乗って活動しているのです。

犠牲者の出ない仕組み作り

現在の資本主義の原型は、18世紀イギリスで起こった「産業革命」であり、そこでは資本家と労働者は明確に区別されていました。異論もあると想いますが、現代は資本家が労働者を搾取するという形が、国同士の貿易や世界金融というフィールドに替わっただけで、今も変わらず、資本主義の原型が色濃く残っていることは否定できないでしょう。もう、その形が終わりを迎えようとしているのです。

誰かのマイナスが、誰かのプラスになるという仕組みが限界を迎えています。

相手から何らかのモノを奪えば、確かにモノは奪った方に移動します。奪った方はモノが増えて、プラス。奪われた方は、モノが減って、マイナス……。確かにモノだけ見れば、そうですが、そこにはエネルギーという視点が欠けています。

エネルギー的に診れば、相手からモノを奪うという行為は、大きなマイナスのエネルギーを背負うことと同じです。モノが多少増えたところで、大きなマイナスのエネルギーを背負い込むのは、長い目で見ると、どう考えても得策ではありません。まして、相手は自分の鏡でもあります。**鏡に映った自分自身から、何かを奪っていて、喜ぶ方がどうかしています。**

もし仮に、そういう行為をしておいて、奪った方にプラスしか発生しないのなら、この世は力のある者が必ず勝ち残るという世界になります。もちろん、現実を見ればそういう側面があることも否定はしませんが、本当にそうなのでしょうか？

この世界がそういう仕組みでできているとするなら、未来は確定的に決まっています。

そんな確定的にシナリオが決まっている世の中に、あなたは自ら志願して、生まれて来たいと想うでしょうか？　もう、奪ったり、奪われたり、プラスとマイナスの綱引きのような世界は十分、味わい尽くしたのではないでしょうか。

「何を今さら、青臭い理想論を……」と想われるかもしれませんが、今だからこそ、こうしたスピリチュアルな視点が、仕事に、ビジネスに、経営に、経済システムに最も必要なのではないでしょうか？

実際、スピリチュアルとは言っていませんが、『日本でいちばん大切にしたい会社』（坂本光司著・あさ出版刊）に紹介されているような会社が実在していることが、これが理想論ではないことを如実に物語っています。このような会社が日本に実在していることは、感動であり、希望です。ここに日本が21世紀の「引き出すリーダー」になれるヒントが詰まっていると私は想います。

ビジネスは誰かの、何かの犠牲の上にしか成り立たないものではありません。

少なくとも、社員や取引先やお客様の犠牲の上に成り立つビジネスは、真の「お仕事」とは呼べません。それはそうした会社で働いている人が、きっと一番よくわかっていることでしょう。だからこそ、心の病を抱える人は増え続ける一方で、自殺者として公表されにくい企業内自殺は増加の一途を辿っているのではないでしょうか？

もう競争や勝ち負けを前提にしたビジネスの仕組みは実質的に崩壊しています。

これは「100年に一度の不況」とか、そういうレベルの問題ではありません。

多くの人は、そのことに感覚的に気づいていますが、具体的にどうすれば良いのかがわからないので、結局なんとなく惰性で仕事を続けているのではないでしょうか？

21世紀のメインテーマは、「ビジネス」と「スピリチュアル」の融合だと、私は確信しています。ここにしか、次の新たな世界を創るヒントは残されていないと想います。

2 サイクル

時代はもう「1」ではなく、「2」なのです。「私だけ」ではなく、「みんな一緒」です。「1番」を目指すのではなく、周りと「統合・調和」することです。誰かから「奪う」のではなく、皆で「分かち合う」のです。

「今だけ、自分さえ良ければいい……」という考え方から、「未来を見据えて、支え合う関係作り……」への転換が大切です。そのために、スピリチュアルな視点を仕事に、ビジネスに、思い切って取り入れてみることです。

「犠牲者の出ない新たな仕組み作り」へ、仕事を通じて、あなたも一緒にチャレンジしてみませんか？

サイクル 3

生み出す

3：生み出す

「3」は「創造」の時。

最低単位の周期を表す、ひと区切りのタイミングです。「新しい芽」が出て来るので、そこに新しい創造力をプラスしていくことが求められるでしょう。新たな動きは出て来るものの、喜びと落胆、進歩と停滞の波を繰り返す、一進一退の1年です。

樹木の成長に例えると、まさしく「芽が出る」時期です。「1」でまいた「種」から、目に見える形で新しい「芽」が出て来る時です。具体的に新たな動きや流れが見えて来るので、うれしくなって、ついそちらにばかり力を注ぎたくなりますが、ここで成果を欲張って、早く刈り取ろうとすると失敗する危険性も秘めているので要注意です。

仕事面では、「1」で始まった「流れ」に、新たな変化が生じやすい時期です。ある程度の方向転換や軌道修正があるかもしれませんが、今までとはまったく違うことに手を出したり、今までの流れをすべて断ち切ってしまうようなことはお勧めできません。

「3」は「子供」の数でもあり、この時期はどうしても過去の流れを無視して、新しい方向性に目を奪われ、思わず飛びつきたくなりますが、本来の「波」に乗るための「種」は、それまでの「流れ」の中に必ずあるので、そこを忘れないようにしましょう。

「石の上にも3年」の本当の意味するところ

お仕事をする上で、「3」という数字は、重要な意味を持ちます。
とくに「3日」「3週間」「3ヶ月」「3年」と、ひとつの周期の「区切り」を表すのは、決まって「3」という数字です。実際、毎年、たくさんの会社が生まれていますが、そのウチ、3年後には約8割の会社が消滅するといわれています。近年では新卒者の約3割が3年で辞めてしまうというデータもあります。ここでもやっぱり「3」なのです。

私がまとめた**「誕生数秘学」で診ても、「3」は最小単位のひとつの周期の終わりを示す数字**です。「1」が「お父さん」、「2」が「お母さん」、そして「3」は「子供」を表します。「3」で初めて家族という単位が生まれます。2人ではペアですが、3人で初めて「チーム・集団・グループ・組織」という塊ができるのです。

「3」はひとつの最短周期、最小単位を表す数字ですから、基本的に「3」の倍数で何でも考えていけば、大きく間違うことはありません。グループとしては「3人」「6人」「9人」

サイクル 3

「30人」「300人」など……。時間としては、「3分」「30分」「3時間」「3日」「3回」など、

「3」をひとつの単位、塊と見なして考えると、全体を把握することが容易になります。

なかでもお仕事においては、「3年」は大事なひとつの目安になります。

たとえば、1年目というのは実績ゼロですから、何をやってもプラスです。もちろん組織にとってはマイナスの出来事もあるでしょうが、それも「経験」という意味で、個人にとってては間違いなくプラスなのです。

それが2年目に入ると、1年目で自分が作った実績があります。それをどうとらえるかによって、それ以降の仕事に対する姿勢が変わってきます。1年目の自分の実績＝経験に対して、「同じことをやっていればいい……」とマンネリ化してしまうのか、「去年の自分を基準にして、自分を超えていく」という形でチャレンジしていくのかによって、大きく道はふたつに分かれていくことになります。

「2」という数字は、「統合・調和」の意味も持ちますが、「分裂・二極化」というネガティブな意味も含まれます。もちろん、どちらを選ぶのかは自分次第ですが、この2年目の過ごし方は、社会人としての大きな方向性が決まる、まさに分かれ道だと言えるでしょう。そし

て3年目を迎えます。

1年目は無我夢中でやって来たので、それこそ失敗だらけ……。抜けているところもいっぱいです。なので、2年目は、その部分に注目して、そこを改善していれば、ワリと簡単に1年目の実績をクリアすることができます。これは、なんとなくやっていても、一生懸命やっていても、あまり変わりがないかもしれません。

しかし、3年目になると、明らかに違いが出て来ます。2年目になんとなく惰性でやっていると、3年目は2年目の実績をクリアすることができません。そうなると、仕事もおもしろくなくなりますし、周りの目も厳しくなります。当然、自らのモチベーションも下がりますし、「つまらない……、こんなハズじゃなかった……」となって、辞めたくなるのです。

多くの若者が3年以内に辞めてしまうのは、こうした「流れ」ができてしまっているからかもしれません。しかし、ここで辞めてしまうと、残念ながら先は見えています。

会社を辞めるのは悪いことではないと想いますが、**辞めるのなら、3年続けて「昨日の自分」を超えてから……**にして欲しいと私は想います。

少なくとも1年目より2年目、2年目より3年目……と自分で作った実績をクリアした上で、辞めるなり転職しないと、今以上の仕事に就く可能性は、極めて少ないと言わざるを得ません。

3年目は2年目の実績に対して、「新しい何か」を加える必要が出て来ます。それがなければ、2年目の実績をクリアすることは難しいでしょう。そこに創造性が生まれます。実はその**「新しい何か」を生み出すこと、新たな創造性を発揮することこそ、仕事の醍醐味であり、仕事の意義**だと言えるでしょう。

ですから、同じ仕事を3年続けて、毎年、自分の作った実績をクリアし、「昨日の自分」を超えることができたかどうかが、「石の上にも3年」といわれることわざの真意だと、私は想います。

仕事の実績とは何も「数字」だけではありません。仕事のスピードや内容はもちろん、周りとの人間関係や職場への貢献度など、仕事のあらゆる面があなたの「実績」として蓄積されているのです。もちろん、「数字」もひとつの基準ですから、数字の実績をクリアすることも当然、含まれますが、「昨日の自分」「去年の自分」が作った実績を、自ら超えていくことが何より大事です。比べるのは他人ではありません。過去の自分です。

それを3年続けることによって、仕事に対する基本的な姿勢、フォームが固まるのだと、私は想います。この**「昨日の自分を超える」という基礎フォーム**さえ身についてしまえば、どこへ行っても大丈夫です。

ただし、3年続けて「昨日の自分」を超え続けることができれば、今の会社が、そう簡単に「あなた」という人材を手放してくれなくなると想いますけど……(笑)。

「楽しい仕事」と「仕事を楽しむ」ことの違い

こんなことを書くと、身もフタもないと言われそうですが、この世に「楽な仕事」というものは存在しません。同様に絶対的に「楽しい仕事」というものも存在しません。

仕事とは、生きていくための「負荷」であり、「重り」のようなものです。

確かに仕事をしなくても良ければ、私たちの人生はずい分、「楽」なものになるでしょうが、それでは私たちが生まれて来た目的が果たせないのです。私たちはこの世界に、「さまざまな体験を味わい、より進化する」という目的をもって生まれてきているのですから……。

「楽な仕事」「楽な生き方」を求めるのは、「より効率的に進化する」という「生まれて来た目的」に反することになってしまいます。

だからこそ、私たちは生きていくために「お金」が必要な社会システムを作り、それを得るために仕事をするという、「負荷」を背負うルールをあえて設定したのだと、私は想います。「より効率的に進化する」という目的を達成するために、自らに仕事という「負荷」をかけ、苦労したり、工夫したりして、お金を手に入れることに意味があるのです。ですから、お金を得るための仕事が「楽なもの」であっては、「負荷」の意味がありません。

しかし、「楽な仕事」はありませんが、仕事自体を楽しむことはできます。

最初から「楽しい仕事」が用意されているのではありません。どんなに条件のよい仕事であっても「イヤイヤ、やらされている」と思っている限り、楽しむことは出来ません。「楽しい仕事」とは、仕事の種類の問題ではありません。仕事をするという行為自体は同じですが、仕事自体を積極的に楽しむことによって、自ら「楽しい仕事」を生み出していくのです。同じ仕事でも、楽しくするのか、イヤイヤするのかは、あくまであなたの姿勢の問題です。目の前の仕事を自分の手で、「楽しい仕事」に変えていけばよいのです。

本当に仕事を楽しくしたいのなら、今、目の前にある仕事を楽しむことです。

今、与えられた環境の中で、仕事が楽しくなる工夫をしてみること。その先にしか、本当にやりがいのある、「楽しい仕事」との出会いはありません。

今、目の前に用意されている仕事が、今のあなたにピッタリの仕事であり、より効率的に進化するために、ちょうどいい負荷なのです。**目の前の仕事に全力投球し、一生懸命やった結果として、「負荷」という「重り」が「やりがい」という「目標」に変化し、仕事が楽しくなって来るのです。**

最初は「イヤな仕事」だったのが、「普通の仕事」になって来て、さらに「楽しい仕事」に、やがて「大好きな仕事」に変化していくのです。それは仕事の種類、職種や業種の問題ではありません。仕事に対する姿勢が変化する過程に伴い、仕事の種類が変わることもあるでしょうが、それが変わったとしても、仕事に対する姿勢は同じです。目の前の仕事に全力投球するという姿勢で仕事に取り組まない限り、いつまで経っても「楽しい仕事」にも、「大好きな仕事」にも出会えることはありません。

すでに「大好きな仕事」に就いている人をみて、「私も大好きなことを仕事にしたい……」

と、あなたは憧れるかもしれませんが、その人も最初から、「大好き」が仕事になっていたワケではないかもしれません。

その人は特別な才能があったワケでも、強運な星の元に生まれたワケでもなく、ただ目の前に在る仕事に一生懸命、取り組んで来た結果として、そのごほうびとして仕事が楽しくなり、気がつけば、その仕事が「大好き」になっていただけなのかもしれません。

「仕事」と「子供」との不思議な関係

今や多くの女性が仕事を持っていますが、女性にとって（もちろん男性にとっても……）、仕事を続けていく上で、「子供」の問題は避けて通れません。

仕事と育児、仕事と家事の間で、悩みを抱えている女性もたくさんおられることでしょう。

しかし本来、仕事と育児や家事は対立するものでも、相反するものでもありません。

「仕事」とは、「コトに仕える」こと。「働く」とは、「ハタ（＝周り）を楽にする人の動き」ということです。そこには「お金を得る」とか、「業績を上げる」とか、「成果を出す」というような意味は一切、含まれていません。

そういう観点で見れば、家事や育児も「コト」であり、それに仕えているのは、立派な仕事です。それは実際に、ベビーシッターや保育士、ハウスキーパーやメイドさんが仕事として成り立っていることからも明らかです。

会社の仕事と家事や育児は、ようは仕事としての優先順位の問題であり、あなたがどちらの仕事を優先したいのかが、問われていると知ることです。

子供が生まれても、仕事を続けるのは自由ですが、**子育てや家事という仕事よりも、会社の仕事の方が価値が高いという「物差し」は宇宙にはありません。**それは「お金」という、この世の「物差し」で測った時に出て来る価値観であり、それが正しいワケでも、間違っているワケでもありません。

そこで問われることになるのは結局、「1：始める」でも述べたように「何のために仕事をするのか？」という原点、仕事に対する基本的な姿勢ではないでしょうか？

自分の存在価値を証明するためのツールとして仕事をとらえていると、どんなに頑張ってみたところで、結果的に無意味感や無価値感、罪悪感を抱えることになるだけです。なぜなら、自分の価値を証明するために仕事をするということは、「自分には価値がない」と信じている証しであり、「価値がない」と信じている限り、それを想い知らされるような現象がクローズアップされることになるのは避けられません。

先述の通り、宇宙からみれば「命を生み、育む」という仕事以上に、大事なお仕事はありません。どんなに大金を注ぎ込んでも、お金で命を生み出すことはできないのです。ゆえにお金という「物差し」で測ってみても、出産や育児を凌ぐほどの価値のある仕事は存在しないと言えるでしょう。子供が幼いウチはとくにそうです。そこをしっかりと味わえば、もう自分の存在価値を会社の仕事で証明しようなどと想うこともなくなるでしょう。

もちろん、それは女性に限らず男性にとっても同じで、育児や家事はどんな仕事にも増して尊い価値のある仕事であることに変わりはありません。

私もお陰様で、５人の男の子の父親をさせていただいています。ただ、私は子供の教育に熱心なわけでもありませんし、あちこち遊びに連れ出したり、スポーツを一緒にしたりなどもほとんどしません。

日常で一緒にご飯を食べたり、時にご飯を作ってやったり、家事を少し手伝うだけですが、そういう日常の些細なことの中にこそ、子育ての感動と醍醐味が詰まっていると想うのです。

「子供は3歳までに、一生分の親孝行をする」といわれますが、多くのお父さんが、この時期の子育ての醍醐味を味わっていないのは本当に残念に想います。

最近はお母さんまでもが、この子育ての感動と醍醐味を味わうヒマがないくらい、忙しくしているのは残念でなりません。

楽しいから……、やりたいから……、そういうポジティブな理由で仕事をするのは構いません。そうやって、イキイキ輝いているお母さんを見ているのは、子供にとってもうれしいことです。しかし、それも子供がある程度の年齢になってから……。しっかりとコミュニケーションをとれるようになってからでも遅くないのではないでしょうか?

仕事を抱えている親にとって、子供の具合が悪くなるのは、一番困ることでしょうが、子供は「たまたま」具合が悪くなるワケではありません。

大事な時、忙しい時に限って子供の具合が悪くなるのは、ちゃんと理由があります。

エネルギー的に診れば、あなたが仕事にエネルギーを注ぎ過ぎて、バランスを崩しているから、子供の具合が悪くなるのです。**子供のケガや病気は、あなたのエネルギーバランスが**

サイクル 3

崩れているというサインであり、警告メッセージに他なりません。

子供は自分なりのやり方で、一生懸命、あなたにメッセージを送ってくれているのです。その折角のメッセージを無視していると、さらに強いメッセージを発するように、もっと深刻なダメージが子供の身体に起こるかもしれないので、要注意です。

ぜひ、子供たちの「声にならない叫び」に耳を傾けてあげてください。彼らは本当にあなたのためだけを想って、身体全部を使って、訴えかけてくれているのです。

子供の命より、大事な仕事とは何でしょう？

仕事の手を止めて、子供たちの声に耳を傾けられないとしたら、それがあなたのエネルギーが偏ってしまっているという何よりの証しではないでしょうか？

新企画、新プロジェクト、「成幸」のヒケツ

新しい仕事やプロジェクトを立ち上げる場合、最も大切なことは何でしょう？

もちろん「何をするのか」も確かに大事ですが、はっきり言ってしまえば、**仕事の成果は、「何をするのか」ではなく、「誰とするのか」で、ほぼ決まってしまう**と言っても過言ではあ

りません。

すべての「良きこと」（もちろん、「悪しきこと」も……）は、人を通じて、運ばれて来ます。仕事を一緒にするということは、仕事を通じて、時間的にも、経済的にも、たくさんのエネルギーをやりとりするワケですから、「誰と仕事をするのか」は、とても重要です。

気持ちの良い仲間と一緒に仕事ができれば、あえて成果を「出そう」と力まなくても、結果は勝手に「出る」ものです。チームの皆の気持ちがひとつになって、ひとつのプロジェクトに取り組むことができれば、それ自体が大きな成果です。

スピリチュアルな視点から診れば、プロジェクトが経済的に成功したかどうかより、「みんなの気持ちがひとつになった」「いい仲間と納得のいく仕事ができた」という方が、何倍も大きな成果であり、それだけでそのプロジェクトは「成幸」したと言えるでしょう。

そうはいっても、現実の厳しい経済環境の中では、「安いから……」「便利だから……」「早いから……」という理由で取引先が選別され、効率を重視して正社員が減らされています。そうした経済的な効率も、仕事をする上で確かに無視できない要素ではありますが、「安ければ、どこでも、誰でもいい」ということでは決してありません。

もちろん以前は、私も仕事上では「お金」が最も大事な要素でした。

仕事をお願いする場合は、できるだけ「安い」ところ……。

仕事を引き受ける場合は、できるだけ「たくさん」のお金を払ってくれるところ……。

そして、常に自分のところが損しないように、最も儲かるように……と考えて、お仕事をしていました。それが「当たり前」でしたし、それが仕事というものだと想っていました。

たぶん、今でもそんな考え方をベースに、お仕事している方は多いでしょう。

確かに現実的な経済の仕組みを考えれば、売上げと経費、収入と支出の差額が「儲け」となって、それで経営が成り立っているのですから、そこを無視するワケにはいきません。

しかし、それを仕事の優先事項の一番上に持って来てしまうとおかしくなります。食品の産地偽装問題などは、こうした「利益最優先」の姿勢の表れだと言えるでしょう。

お仕事ですから、「利益」を追求するのは構いません。

しかし、「利益」だけ……、「お金」だけを優先してしまうと、仕事本来の目的を見失ってしまいます。仕事に「人」という尺度を入れることが、お金とのバランスをとるためのヒケツであり、結局、それが仕事の質や成果を左右するのではないかと想うのです。

「この人と一緒に仕事をしてみたい……」

誰かにそう想わせる……、そんな人で在り続けたいと、私は想っています。

現在、私はお仕事を依頼する場合、「価格」よりも、「人」を重視して、お願いするように心がけているつもりです。また私が、コンサルティングや講演、出版企画などの仕事をお受けする場合でも、「何をやるのか」「どんな企画なのか」という内容も確かに重要ですが、それ以上に「誰とやるのか」の方を、より重視して仕事をお受けするようにしています。

「誰と……」の部分にこだわり、仕事を一緒にする相手を見極めることが、新しい企画やプロジェクトを成功に導くヒケツだと、私は想います。

サイクル 3

「作品を生み出す」ということは……

あなたと誰かが、仕事でつながることによって生み出された成果、それはあなたの「作品」であり、「子供のようなもの」です。

だからこそ、「誰と仕事をするのか」が、より重要になって来るのです。「誰と仕事をするのか」は、ある意味、「誰と結婚するのか」「誰とセックスするのか」と同じ意味合いを持ちます。その人と仕事をすることによって、生み出される仕事の成果が、あなたの子供に当たるのですから、これは特別、誇張された表現だとは言えないでしょう。

「誰と仕事をするのか」ということは、「誰と子供を作るのか」あるいは、「誰の子供を産むのか？」と同じ質問を投げかけていることになるのです。

仕事を通じて、新しいモノを生み出す、創造するということはそういうことです。だからこそ、仕事上でつながった相手と実際に結婚することも多く、職場結婚が多くなるのはエネルギー的に診ても、極めて当然の成り行きです。

よく女性は、「私と仕事、どっちが大事なの？」と迫ったりしますが、「私」と「仕事」は比べられるものではありません。しかし、その言葉の裏には、「私」と「仕事上でつながっている、あの人」のどっちを選ぶの？　というメッセージが隠されています。

それは仕事上の相手と浮気をしているということではなくても、仕事を通じて、作品という子供を生み出している……、つまりエネルギー的にはセックスしていると同じような状態だということを、女性は本能的に嗅ぎとっているから出る言葉だと言えるかもしれません。

実際、仕事上でつながった相手と浮気したり、不倫関係になってしまうのは、仕事を通じて、作品（＝ふたりの子供）を生み出すことによって、エネルギー的にはすでにセックスをしたのと同じような関係になっているからです。ある意味、心理的には一線を越えているので、現実的にも、そういう関係に陥りやすいという仕組みが成り立つワケです。

ですから、現実的なパートナーシップがよほどしっかりと築けていないと、仕事上でのパートナーと恋愛関係や肉体関係に陥ってしまう確率は、かなり高くなると言わざるを得ません。同性同士の場合は、肉体関係にこそ発展しませんが、心理的には「夫婦」のような関係になり、お互いに相手を自分だけのものにしようという心理が働きやすくなり、無意識に他の人間と仕事をするのを妨害しようとするケースも多く見受けられます。

このあたりの問題を避けるためには現実的なパートナーシップが、どこまでキチンと結べているのかがポイントになります。紙面の関係上、ここでスピリチュアルレベルのパートナーシップの在り方について、詳しく触れるワケにはいきませんので、このテーマにご興味がある方は、拙著『シーソーの法則』(大和書房刊)をご参照願い上げます。

「仕事」は、人生の「作品」を発表するための舞台

仕事はあなたが自らを表現するための舞台であり、自らが主役を演じる演劇「作品」そのものです。それぞれが演じているシナリオが違うだけで、「仕事」という舞台自体に「差」はありません。

確かに大きな舞台と小さな舞台という「違い」はありますが、「大きい舞台」が良くて、「小さい舞台」に価値はないということではありません。大企業の社長という「題目」と、専業主婦という「題目」の違いはありますが、そこに優劣はありません。

そこにあるのは「違い」であって、「差」ではないのです。

誰もが自らの人生の中において、仕事という名の舞台の上では主役を演じています。

そして、あなたが仕事という舞台で演じたすべてが、あなたの「作品」として、宇宙で評価されることになるのです。つまらない仕事などなければ、どうでもいい仕事もありません。重要な仕事もなければ、特別な仕事もありません。

問われるのは、どんな仕事をしているのかではなく、その仕事をどう演じているか、です。

コピー取りであろうが、お茶汲みであろうが、それが今のあなたの仕事なら、その仕事をあなたの「作品」にしてしまうことです。誰にもマネのできない、あなたらしい「コピー取り」や「お茶汲み」に挑戦してみましょう。それによって、その仕事が、あなたの作品として宇宙に刻まれていくことになるのです。

その仕事をただ漫然とやるのか、それともそこに少しでも「自分らしさ」を加えようと工夫するのかで、成果はまるで違って来ます。もちろん、いつもうまくいくワケではないでしょうし、それが認められないこともあるでしょう。しかし、仕事が自分の作品だという意識さえ忘れなければ、同じことの繰り返しでマンネリに陥ったり、「誰でもできることだから……」と投げやりな態度で仕事に接することはなくなるハズです。

あなたは自分の仕事を、「私の作品です！」と言って、家族や周りの人に、自信を持って見せることができるでしょうか？　そこに、「あなたらしさ」は込められていますか？

あなたは仕事という舞台の上で、キチンと主役を演じていますか？　あなたの仕事は、「あなたの作品」として、誰に見られても恥ずかしくないレベルの完成度に、キチンと仕上がっているでしょうか?

仕事をする……、仕事を通して「新しい何か」を創造する……、ということは、そういうことではないのでしょうか?

サイクル 4

続ける

4：続ける

「サイクル：4」は「安定」。

現状維持の時です。よく言えば安定・堅実。悪く言うと、固定・停滞の1年になります。「波」に例えると、「静かな凪」の状態。「流れ」で言えば、少し淀んでいるような状態です。大きな進展も望めませんが、大きな不調にも見舞われにくく、「動き」の少ない、そんな時期です。

樹木の成長に例えると、「雑草処理」の状態。樹木の成長を阻害するような要因をできるだけ排除し、将来より大きく成長できるよう、良好な環境を整えることに力を注いだ方が良いでしょう。変化の乏しい地味で、泥臭い作業の繰り返しが続き、目に見える成果を受け取ることも難しいので、忍耐を強いられる、厳しい1年となるかもしれません。

「4」は、現実世界の基礎となる数字。仕事面ではキチンと基盤を整え、地道な努力を積み重ね、大地にしっかりと根を張るように、実力を養っておくタイミングです。ここで楽をしようとして手を抜くと、土台が揺らぎ、将来の収穫に大きなダメージを与えることになるので、要注意です。

「1～3」のひとつの周期を終えて、また新しい段階に入っていることを自覚し、もう一度原点に戻って、基礎からやり直すくらいのつもりで目の前のことに誠実に取り組めば、必ず道は開けてきます。

会社という「法人」の真の目的

現在、日本全国で約300万の法人が存在するといわれており、さらに毎年、約10万社の法人企業が新たに誕生しているということです。しかし、1年後には、その40%が消滅。3年後には約80%が、10年後には約95%が、30年後には約99%が消滅しているというのが現実です。30年以上存続する企業は、全体の1%に過ぎないと言われています。

20～30年前は、「会社の寿命は30年」といわれていましたが、現在では「会社の寿命は10年が限界か……」と言われるようになっています。

これだけ変化の激しい時代の中で、仕方がないと言えばそれまでですが、そんなに「続かない」「寿命の短い」会社がたくさん生まれては消えていく……という現状は、本当に仕方がないで済ませてしまっても良いのでしょうか?

会社も「法人」ですから、固有の人格を持ちます。

会社も「法人」になれば、それはもう誰のものでもありません。株主のものでも、社長のものでもなく、会社もひとりの独立した「ヒト」となるのです。会社は「法人」という「ヒト」の間で、「人間」として成長していくことになるのは、私たちとまったく同じです。

会社にとって、株主や社長は親に当たる存在かもしれませんが、だからといって、株主や社長が会社を好き勝手に食いものにして良いワケはありません。それは自分の都合で、幼児を虐待している親と変わりません。

私たちの仕事をする目的が「お金を得る」ことだけではないように、会社だって、利益を挙げることだけが目的なのではありません。スピリチュアル的に診た会社の目的は「生きること」です。つまり、**会社が存続することこそ、会社自体の目的**だと言えるでしょう。

会社も「法人」「ヒト」であり、「生き物」ですから、生存本能として「より長く生きたい」と思うのは当然です。その「法人」の目的からすれば、現在のように「会社の寿命」がドンドン短くなって来ているのは、とても憂うべき状況かもしれません。

利益は会社という生き物が、存続するために必要な食べ物のようなものです。その食べ物は誰のためのものかといえば、当然、会社自身のためです。会社自身、つまり、会社で働く人々すべてのものです。もちろん、その中に社長さんも含まれますが、社長さんが特別えらいワケではなく、会社の中で社長という役割を担当しているだけで、他の社員さんとの「差」はありません。いわば社長さんは、会社という身体の中で、脳・アタマを担当しているようなものです。アタマは確かに、指示命令を出すのが仕事ですが、だからといってアタマだけが特別なワケではありませんし、何より手足がなければ、アタマがいくらいい指示を出しても、身体を思い通りに動かすことはできません。

会社の利益（＝食べ物）は、アタマ（＝社長や株主）のためだけにあるのではありません。社員（＝身体）の給料（＝栄養）は、経費ではありません。それ自体が会社の目的です。身体（＝社員）を維持するために、食べ物（＝利益）を摂っているワケですから、食べ物（＝利益）が少なくなったからといって、身体（＝社員）を切り離すのは、本末転倒です。リストラという行為は、会社という身体から、自らの手足を切り離しているのと同じことで、自傷行為に他なりません。

毎年、たくさんの会社が生まれ、アッという間に消えていくのは、こうした会社の「命のメカニズム」を無視してしまっているからではないでしょうか？　会社も「法人」として、生き続けていくこと自体が目的なのです。

たくさんの会社が誕生し、その命をまっとうすることなく、消えていく……。なんだか今、私たちの世界で起きていることと、同じではないでしょうか？

「当たり前のこと」「誰でもできること」「今、目の前のこと」

仕事に必要とされる能力は、「話す」「書く」「聞く」が大半を占めます。

「話す」「書く」「聞く」という基本的なコミュニケーション能力に、劇的な個人差などは存在しません。「仕事ができる、できない」の違いは、こうした基本動作をキチンとやれるかどうか、実際にやっているかどうかの違いではないでしょうか？ **「仕事ができる人」とは、こうした些細なこと、誰にでもできる、当たり前のことをキチンと「できる人」です。**

実際、どんなに大きく派手に見える仕事であっても、その裏側の準備には何倍もの時間がかかるものです。目に見える派手な部分が全体の2割だとすれば、その裏側の目に見えない部分のウエイトの方が圧倒的に高く、全体の8割ぐらいを占めると思っていれば間違いはないでしょう。

当然、準備に費やす作業は地味で目立たず、泥臭い作業が続きます。ひとつひとつの作業は、そんなに難しいことではないかもしれませんが、それをキチンとしているかどうかが、結局、目に見えるパフォーマンスを支えることになるのです。

プロのアーティストやアスリートなどにとっては、それが日々の練習やトレーニングに当たるでしょうし、ビジネスパーソンなら、日常の「報告・連絡・相談」やお客様への小まめなフォローなどがそれに当たるでしょう。

そうした「当たり前のこと」「誰でもできること」を継続していくことこそ、仕事の成果を生み出す原動力になるのです。

「天職を見つけるには、どうすればいいでしょう?」「私もライフワークを見つけて、それを仕事にしたいのですが……」「今の仕事が天職につながるとは、とても想えません」「今の仕事では生きがいを感じられないので、辞めて、スピリチュアルな分野で独立しようと思っています」などなど……。

「スピリチュアル・コーチ」を名乗っている私の元には、仕事に関する、こうした悩みやご相談が全国から、たくさん寄せられます。中でも今の時代を象徴するように、「天職」や「ライフワーク」に関するご相談が大半を占めており、そういう本質的なことに多くの人の関心が集まっていることを日々、肌で感じています。

その傾向はとても喜ばしいことで、個人にも、社会にとってもプラスになると想いますが、それに伴い、勘違いされている方もまた増えている傾向にあるのは否めないような気がします。


「天職」や「ライフワーク」とは、職種の問題ではありません。


ミュージシャンやプロスポーツ選手といったスペシャリスト、あるいはヒーラーやチャネラーといったスピリチュアル系のお仕事だけが、「天職」や「ライフワーク」に相当するワケではありません。普通の営業や事務のお仕事も、販売のお仕事でも、もちろん専業主婦であっても、「天職」や「ライフワーク」にすることが可能です。

「天職」や「ライフワーク」という「仕事」がどこかに「ある」のではなく、自分が今、携わっている「仕事」を「天職」や「ライフワーク」に「する」のです。

「天職」や「ライフワーク」に続く扉は、どこか他のところにあるのではありません。

今、目の前にある仕事に打ち込み、全力投球することが、「天職」や「ライフワーク」に続く扉を開くことになるのです。そこを勘違いしていると、「天職」や「ライフワーク」探しをしているウチに一生を終えてしまうという、なんだか笑えない話になってしまうので、要注意です。

今、与えられている環境こそベストの環境

人生とは「ドミノ倒しゲーム」のようなものだと、私は想っています。

すべての出来事は、同じ大きさ、形、質量のドミノのようなものであり、「大きな出来事」や「小さな出来事」などという「差」はありません。

突然、目の前に「大きなドミノ」が出現するワケではありません。印象の強い出来事というものは確かに存在しますが、その「インパクトの大きなドミノ（＝出来事）」に出会うためには、そこに続く、何気ない「インパクトの小さなドミノ（＝出来事）」が無数に続いていたハズです。

そして、その「小さなドミノ」のどれひとつが欠けていても、結局その「大きなドミノ」に辿り着くことができなかったのではないでしょうか？　結果として、人生で起きる出来事、つまり、人生のドミノの大きさに「差」はないのです。

未来に対して、どんなに大きな夢やビジョンを掲げても構いませんが、その未来のドミノを倒すためには、そこに続く、今、目の前にあるドミノを倒すしかありません。私たちにできることは今、目の前にあるドミノをひとつひとつ倒し続けることしかないのです。それが日常を生きるということであり、人生とはそういう仕組みで成り立っているのだと、私は想います。

仕事で成果を出すのもまったく同じ仕組みです。

今、あなたの目の前にある仕事が、あなたが最初に倒すべき「ドミノ」です。あなたが倒せる「ドミノ」は、それしか存在しません。その「ドミノ」を倒さない限り、次の「ドミノ」が倒れることはありません。これは極めて、シンプルな仕組みですが、この原理を素直に受け容れて前向きに活用している人は、極めて少ないのも事実です。

ただし、これは「今、居る場所、職場でガマンしなさい」と言っているワケではありません。もちろん、転職するのも構いませんが、「こっちがダメなら、あっち……」「こっちのドミノより、あっちのドミノが良さそう……」と、いくら「ドミノ探し」をしてみても、「天職」

という名の「ドミノ」が目の前にあらわれることはありません。
目の前の「ドミノ」を倒すことに全力を注がない限り、次の新たな「ドミノ」が目の前にあらわれることはありません。目の前の「ドミノ」が倒れない限り、「天職」や「ライフワーク」という「ドミノ」に出会えるハズもありません。

人生に無駄なことなど一切ありません。あなたが今、その仕事をしているのも、その職場に居るのも、そうした上司や部下、同僚に囲まれているのも、決して偶然ではありません。必然です。ちゃんと意味があって、そこで学ぶ必要があるからこそ、そういう環境が用意されているのです。

「すべてがあなたにちょうどいい……」というお釈迦様の言葉があるそうです。

「夫も、妻も、兄弟も…、親も、子供も、友人も…、すべてがあなたにちょうどいい。
今の仕事も、今のあなたに、ちょうどいい…。死ぬ日も、あなたにちょうどいい…。
すべてがあなたにちょうどいい」

『宇宙を貫く幸せの法則』（小林正観著・到知出版社刊）より

今、あなたが与えられている環境、あなたが居る場所、手がけている仕事が、今のあなたにとって、「ちょうどいい」、ベストなのです。そこで成果が出せないのに、「他の『ドミノ』なら、きっと違うハズ……」と想うのは勝手ですが、残念ながらそれは幻想に過ぎません。

「今、目の前にある仕事」に全力で取り組めないのは、現実逃避に他なりません。与えられた環境で仕事に打ち込めず、他の環境に目移りして、あれこれ手を出して、結局、中途半端で終わってしまうのは、自信のなさの表れです。

ある意味、自分と深く向き合うことを避けているから、目の前の仕事を続けることができないのです。

その自信のなさが、自分の仕事に表れてしまうと潜在意識ではわかっているから、ワザと仕事を中途半端な状態にして、最初から言い訳のネタを用意してしまうのかもしれません。

「今そこ」で輝けない人は、どこへ行っても輝けない

私たちがやれるのは、目の前にあること、ひとつだけです。

「今、ここ」でやれるのは、ひとつのことしかありません。そこで輝けない限り、輝く場所

はありません。「今、ここ」で発揮できるチカラが、本当の「実力」です。「実力」には、過去の実績や経験、現在の地位や肩書きなど、一切関係がありません。

「実力」とは、「今、現実にそこに在るチカラ」という意味です。

人は「あの仕事を任せてもらえたら……」「あの時、もう少し体調が良ければ……」「環境が整えば、私だって……」「上司に恵まれたら、実力が出せるのに……」などということを言いますが、残念ながら、実力に「タラ」や「レバ」はありません。今ここで発揮したチカラが、あなたの実力です。まずは、それを受け容れる素直さや謙虚さが必要です。

今、ここでチカラを発揮できなければ……、今、ここで輝くことができなければ……、実力を発揮する場所も、輝く場所も、他のどこにも用意されてはいません。

人は「いつか、ビッグになってやる」とか、「いつか、この手で夢をつかむ」などと言いますが、残念ながら、その「いつか」は永遠に訪れることはありません。

「今ここ」で、ビッグになれない人は、どこへ行ってもビッグになることはできません。

「夢は見る」ものでなく、現実に「生きる」ものです。「今ここ」で、あなたが実際に夢を生きていなくては、未来に夢だけが突然、実現することはありません。

この世に絶対的な「幸・不幸」は存在していません。

絶対的な「成功」も「失敗」もありません。

あなたがその現象を「今ここ」で、「失敗」だと認識した瞬間に、「失敗」という現象が現れるのです。ですから、あなたが目の前の現象を失敗だと判断している限り、失敗をどれだけたくさん積み重ねても、そこから成功に至ることはありません。


エジソンさんが、竹のフィラメントを発明するために、1万回以上失敗し続けても、「これは失敗ではなく、フィラメントに適さない物質を発見しているのだ」と言ったという有名なエピソードが残されていますが、これは強がりではなく、エジソンさんが、こうした幸せや成功の仕組みに気づいていたから出た発言ではないでしょうか？


本当に幸せな人とは、ずっと幸せであり続けた人です。

本当の成功者とは、ずっと成功し続けている人なのです。

「続ける」ことでしか、見えて来ないものがある

私たちが普段、望んでいることのほとんどは「幻想」や「妄想」の類です。残念ながら、そういった幻想や妄想の類が実現する確率は、限りなく0％に近いものです。

　そういうとりとめのない幻想や妄想を、ある一定の方向性にまとめたものが、「夢」になります。「美味しいものをお腹いっぱい食べたい……」はただの妄想ですが、「美味しいものを提供するレストランのオーナーシェフになりたい」と、その方向性が絞り込まれると「夢」になり、実現率がアップします。

　しかし、私たちがよく口にする「夢」も、「夢を見ている」だけでは、その実現率も10％以下だと言えるでしょう。「夢」を夢で終わらせないためには、「夢」を「目標」に書き換えることが大切だといわれます。「目標」とは「具体的に日付の入った夢」です。

「目標達成」のポイントは、「日付」を入れることです。これはアタマには時間の概念が希薄で、過去も現在も未来も、ゴチャ混ぜになって今に畳み込まれているため、未来の日付を先取りすることで、脳がすでに実現してしまっているものと錯覚するからです。

多くの成功者が、「夢に日付を入れましょう」というのは、このためです。「目標になった夢」の実現率は、50％くらいにアップするかもしれません。「夢」が「目標」になると、そのために今、何をすべきか……がはっきりして来ます。それが具体的に行動するためのモチベーションとなります。

「目標」の達成率を上げるポイントは、最初は100％達成できることを「目標」に掲げ、実行すること。クリアできそうにないことは、最初から「目標」にしないことです。

ほぼ100％達成できる「目標」は「予定」になります。「予定」は「やることが決まっていること」ですから、あとは「予定通り」、目の前のことから、日付順に淡々とこなしていけば良いのです。

「幻想・妄想」→「夢」→「目標」→「予定」

これが、単なる妄想を現実のものにするためのプロセスです。このプロセスをうまく回すために、最も必要な才能……。それは、「続ける」という才能に他なりません。

成功者とは、**「誰にでもできることを、誰にもマネできないくらいの情熱で、続けることができた人」**だという言葉がありますが、確かにその通りです。

先述の通り、仕事に必要な才能とは、「話す」「書く」「聞く」など、人間として備わっている基本的な能力に他なりません。肉体的なハンディキャップを抱えていない限り、仕事のスタートラインの才能に、ほとんど個人差はありません。

「仕事ができる、できない」の「差」は、「やるか、やらないか」の「違い」であり、結局、「やり続ける人」と「途中であきらめてしまう人」との「違い」が、「差」となって現れているだけです。途中で投げ出したり、あきらめたりしない限り、失敗することはありません。失敗とは、「途中で放棄した」ということであって、「想い通りの結果が得られなかった、うまくいかなかった」ということではありません。

続けることでしか、見えて来ないものがたくさんあります。

たくさんの量をこなし、多くの体験を積み重ね、ひとつのことを長く続けて来た人が辿り着く先は、どうやら同じ場所のようです。

彼らはまったく違う山を登っているように見えますが、頂上に近づけば近づくほど、同じ

サイクル4

景色が見えるようになり、最終的には、みんな同じ山を登っていたことに気づくことになるのです。

結局、辿り着く先は同じなのですから、どこから登ってもいいのです。登り口や登山ルートが問題なのではありません。山を登ること、登り続けることに意味があるのです。目の前の山を登り続けること……。目の前の仕事を誠実に続けていくこと……。

私たちには結局、その選択肢しかないのです。

「プロ」と「アマチュア」の「違い」とは……

「プロ」と「アマチュア」の「違い」とは何でしょう?

一般的には、お金をいただくのが、「プロ」。タダ、もしくはお金を払うのが「アマチュア」だといわれます。確かに、それもひとつの定義に違いありません。

ただ、お金をもらえば、みんな「プロ」なのかと言われれば、一概にそうとは言えませんし、お金をもらっていないから、「アマチュア」なのかと言われれば、そうとも限りません。

私の専門である「誕生数秘学」で診た場合、ひとつの基準として、同じことを9年間、続けることができれば、それは「プロ」と見なしても良いと判断します。

「誕生数秘学」では「人生9年周期説」を採用していますが、人生は「1」からスタートして、9年後の「9」の時に完結を迎え、また「1」に戻るという周期を繰り返すと見なします。「3」が時間単位の最小周期を表しますが、それが3つ合わさって、3×3＝9で、ひとつの周期が完成するというのは、「0」以外の数字が、1～9の9種類から成り立っていることから見ても、極めて自然なとらえ方だと言えるでしょう。

ですから、ひとつのことを完全にマスターして、「プロ」の域に達しようと思えば、9年をひとつの目安にすると良いのではないかと、私は想います。

もちろん、あくまで目安ですから、9年続ければ、「ハイ、いっちょあがり～」というワケではありませんし、一人前になるのに、もっと時間のかかる業種や職種もあるでしょうが、それでもひとつの仕事を9年間、続けることができれば、それはもう立派に「プロ」の域に達していると言ってもいいように想います。

別の角度から見れば、「プロ」と「アマ」の違いは、「毎日、続けることができるのが、プロ」。「時々、自分の都合のよい時だけやるのが、アマチュア」だと言ってもいいかもしれません。

その仕事を毎日、続けることができ、さらに「波」があまりないことが、「プロ」として求められる条件ではないでしょうか？　やったり、やらなかったり……、「いい時」と「悪い時」の「波」が激しいのは、やはり「プロ」とは言えません。

つまり、毎日ただ淡々と、その同じ仕事を同じペースで続けられるかどうかが、「プロ」と「アマチュア」を分ける分岐点になるのだと想います。


最近よく、趣味を仕事にしようとして、途中で挫折している人を見かけます。

「趣味でやっているウチは良かったけど、仕事にすると、どうも……」というのが挫折の理由のようですが、それは、その趣味が本当に好きではなかったという証拠です。

厳しいようですが、その趣味は、本当に好きだったワケではなく、目の前の仕事から逃避するための「避難場所」「隠れ家」のようなものだったということです。それが早くわかっただけでも、仕事にした意味があるというものです。


あなたが毎日、続けられることは何でしょう。

365日、そのことをずっと考え続けても、飽きないことはありますか？

それが、あなたの「天職」や「ライフワーク」に結びつく、大事なヒントになるハズです。
それを仕事にすることはできないかを、考えてみましょう。

もし、今すぐに、この質問に答えられないとすれば、今、目の前にある仕事に全力投球してみることから始めてみましょう。

最低でも3年は続けてみること。できれば9年、続けてみましょう。

最初から9年を意識していると、挫折しやすくなるので、まず3日、3週間、3ヶ月、1年、3年と、徐々に期間を延ばしていくのです。

仮に9年間、ひとつの仕事を真面目に、誠実に続けることができれば、立派な「プロ」です。ひとつの仕事で「プロ」になれれば、他の仕事でも「プロ」になるのは、実はそんなに難しいことではありません。

仕事の基本的な内容は、どんな業種、どの職種でも、そんなに大きく変わることはありません。アマチュアでやっている限り、どんなに手を広げても、アマチュアの域を超えることはできません。しかし、**どんな分野でも、一度その道の「プロ」になってしまえば、他の分野でも「プロ」になることは、ワリと簡単なのです。**

まずは、ひとつの分野で「プロ」を目指すこと……。そのために、目の前にある仕事を9年間続けて、打ち込んでみること。地道にコツコツ、続けていくこと。実はそれが、「天職」や「ライフワーク」に至る最短コースになるのかもしれません。

サイクル 5

変化する

5. 変化する

「サイクル：5」は「変化」。

　変化の波が激しく、刺激的でエキサイティングな時期ですが、その分、不安定で落ち着きません。フットワークが軽く、自由に動いて、新しいことを試してみるのには良いタイミングですが、すぐに成果は受け取れないかもしれません。

　樹木の成長に例えると、「成長」の時。グングンと枝葉が伸びていき、大きく変化していく時期なので、それに伴って、環境が変化し、ステージも変わっていくので、今までの人間関係も大きく変わらざるを得なくなるでしょう。

「5」は、自由と変化を象徴し、人間そのものを表す数字です。仕事面では、人間関係が大きく広がり、いろいろなタイプの人とのコミュニケーションの機会が増えることになるでしょう。

　あなたの変化のスピードに周りが追いついていけなくなるので、この時期の小さな衝突やトラブルは避けられません。自らの成長・変化に伴って、精神的にも動揺しやすく、感情の波のアップ・ダウンも激しく、落ち着きません。

　しかし、人間は生きている限り、変化し続ける存在です。「変化」こそ、宇宙で唯一、「不変の法則」。変化しているということは「波」に乗っている証拠です。変化を恐れず、変化の波を受け容れ、思い切って流れに乗ってみることが、この時期の大切なポイントになるでしょう。

「変化」こそ、宇宙で唯一の「不変の法則」

残念ながら？　この世に変わらないものなど、何もありません。
変わらないように見えているものは、変化していないのではなく、単に変化のスピードがゆっくりしているだけのことです。

ここまで、紹介してきた「宇宙の法則」も、これが絶対だということではありません。今の地球では、こうした「法則」が適用されていますが、これらの法則が、永遠に変わらないという保証はどこにもありません。宇宙で唯一の「不変の法則」があるとすれば、「変わらないものは何もない」という法則だけに違いありません。

私たちの悩みのほとんどは、「変化」に抵抗することから生まれているものです。
しかし、宇宙で唯一の「不変の法則」に逆らってみても、いいことはひとつもありません。「変化」に逆らうのも自由ですが、変化に逆らったり、抵抗してみても、結果は目に見えているのでエネルギーの無駄遣いになるだけです。とくに現代のように変化のスピードが激しい時代において、変化に逆らうことは大きなダメージを伴うことになるので、要注意です。

過去にしがみつき、変化を避けようとしていると、アッという間に時代の変化に取り残されてしまうことになります。

私たちにできることは、「変化を避けるためには、どうすればいいのか？」を考えることではなく、**「避けられない変化に、どう対応すればいいのか？」**を考え、行動するだけです。

「朝令暮改（ちょうれいぼかい）」という言葉があります。

「朝、指示命令したことが、夕方には変わっている」という意味で、命令や方針、法律などが一定せず、アテにならないことを指すネガティブな意味合いの四文字熟語ですが、半分は合っていますが、半分は間違っています。

仕事上の指示、命令が状況に応じて、臨機応変に変わるのは当然です。「これがいい」と思って始めたことでも、実際にうまくいかなければ、変える必要が出て来るのは当然で、一度、決めた内容を何も変えず、そのまま進めるのは怠慢であり、傲慢です。

しかし、根底に流れている**「変わらないもの」**＝**「ゆっくりと変化しているもの」**と、表面に流れている**「変化しているもの」**＝**「変化のスピードの速いもの」**とは、分けて考える必要があるでしょう。

世間の常識、業界の慣習、過去のやり方や実績、過去の成功体験、ヒットしたアイディアや企画、ノウハウやスキル、マーケッティングデータ、名声や肩書きなど……。これらはすべて表面に流れている「変化しているもの」＝「変化のスピードの速いもの」です。

そういう「過去の成功体験・成功法則」や「うまくいったスキルやノウハウ」ばかりを追いかけていると、新しいものが次から次へと出て来て、結局、そういう体験や法則の収集家、スキルやノウハウのコレクターになるのがオチです。

現実的なスキルやノウハウに意味がないとは言いませんが、それは「集めるもの」ではなく、「使ってナンボ」のものです。それを現実のマーケットで、実際に使ってみなければ、使えるかどうかは判断できませんし、一度うまくいったとしても、二度目もうまくいく保証はありません。そういう「変化しているもの」は、時代に合わせてコロコロ変えて、試してみるしかないのです。

しかし、こうした変化の激しい時代だからこそ、根底に流れている「変わらないもの」＝「ゆっくりと変化しているもの」を見極め、それを大切に扱う必要があります。その根底に流れている「ゆっくりと変化しているもの」の出どころが深ければ深いほど、こうした変化の流れが速い時代にでも、大きな方向性を見失うことがなくなります。

今、多くの企業が「ミッション」や「ビジョン」、「クレド」などを掲げ、会社の存在意義、使命や目的、理念などを明確化しようとしています。

これはとても良い傾向だと想いますが、現代のように変化が激しい時代では、そうした理念もより深く掘り下げる必要があるでしょう。

「企業理念」は、その企業の存在意義を明確化するためのものですが、企業そのものはもちろん、何よりその企業が属する業界全体がなくなってしまう可能性もある時代です。

企業の存在意義をより深く掘り下げていくと、結局、「人は何のために働くのか？」とか、「仕事とは何か？」とか、「人はなぜ生まれ、死んでいくのか？」というスピリチュアルな領域に踏み込まざるを得なくなるのです。

つまり、これからの時代、変化に対応するためには、トップはもちろん、組織を構成するひとりひとりが、**スピリチュアルな智慧に対して、どこまで深く向き合うことができるのかが問われ、それが企業の寿命を決める決定的な要因になって来る**と、私は想っています。

１０００年単位、あるいは次元単位の「大変化」の時代です。その中で最もゆっくりと変化しているものが、「宇宙の法則」であり、スピリチュアルな智慧に他ならないのです。

「正直」ではなく、「素直」に生きる時代

今、時代は、「ドッグイヤー」だといわれています。
犬の1歳は、人間の7～8歳に相当するようですが、確かに今どきの1年は、少し前の7～8年分に相当するくらい、時代の流れが速く、中味も濃く、変化が激しいと指摘されるのも、十分うなずけるのではないでしょうか？

その中で、過去の成功体験にこだわることは非常に危険です。「これが、絶対！」「これで、間違いない」などと、タカをくくっていると痛い目に遭うことになります。

1年前の成功事例も、昔ならすでに、7～8年前のパターンなのです。過去の成功体験にとらわれず、常に自ら変化を求め、新しいものを生み出していく創造性が、今ほど求められる時代はありません。インターネットの普及もあって、今は、あらゆる人にビジネスチャンスの門戸が開かれている時代です。とくに常識に縛られない、新鮮な「素人」の発想やアイディアが、何より大事な時代なのです。

サイクル5

もう「正直」に生きる時代ではありません。

「正しい、間違っている」という二者択一の価値観から卒業する時代が訪れています。

「正直」とは、「正しさと直接つながる」こと。「正しさ」とつながれば、当然、同時に「間違い」も生まれます。「正しさ」を追い求めれば追い求めるほど、よりたくさんの「間違い」を生み出すことになります。どれだけ多くの「間違い」の屍を積み重ねても、「正しさ」の頂点に立つことなどできません。「正しさ」とは、あなたの外側にある、他の誰かから植えつけられた価値観に他なりません。


これからは、「素直」に生きる時代です。

「素直」とは「素と直につながっている」ということです。

「素直」を「良い、悪い」や「正しい、間違っている」で分けることはできません。

「素直」にウラはありませんし、誰かを経由して、「素直」になることもできません。自分の内側と「素」の状態で、「直」接、つながることを「素直」と呼ぶのです。

「しろうと」とは「素の人」。つまり、「素直な人」のことを「素人」と呼びます。

変化の時代に当たって、過去の経験は役に立ちません。過去の成功体験はむしろ、ハンディになるかもしれません。今までの常識にとらわれ、良い、悪い、正しい、間違っているという価値観に縛られている「正直」な人ほど、難しい時代になっているのです。

今、うまくいっていない……。逆風を感じている……。流れに乗っていないと感じているとしたら、それはあなたが「正直」に生きているからかもしれません。だとすれば、あなたの中の「正しさ」の価値観を見直すチャンスです。誰かに教え込まれた「正しさ」という価値観を元に生きている限り、あなたらしさは発揮できません。


その「正しさ」は、あなたの人生に貢献していますか？

その「正しさ」のお陰で、あなたの幸せ度はアップしているでしょうか？

「正しさ」のお陰で、あなたの仕事はうまくいっていますか？

もし、そうでないなら……。もう、「正しさ」を手放してもいいのではないでしょうか？


ビジネスの分野においても、これからは「素の人」「素人」の時代です。

「これ、いいかも……！」「おもしろそう……♪」「やってみたい！」「好きだから……」

これが「素の人」「素人」の発想です。これがビジネスの原点です。もちろん、これに現実的なマーケッティングプランなどを加味していく必要がありますが、ここから始めることが、21世紀のシンプルなビジネススタイルになると、私は想います。

これが「素直な時代」に、流れに乗るための、素直なヒケツです。

「出張」の真の目的を知る

少し突飛に感じられるかもしれませんが、**スピリチュアルな視点から診ると、出張の真の目的は、その土地の波動に触れること**だと、私は想います。

あなたは「出張だから、仕方なく……」と想って行っているかもしれませんが、「その土地に行く必要があるから、行かされている」のです。あなたの魂は今生、何らかの理由があって、そこへ行く必要があるのですが、現世的にはそこへ行くための、最も強いモチベーションが仕事であり、出張なので、そのお陰で「その土地に行かせてもらっている」のです。

もちろん、その土地で、仕事相手に会うことにも意味があるでしょうが、その土地自体を訪れることが目的になっているケースも多いので、出張で訪れたら、ぜひ、その土地の波動を感じる時間を意識的にとって欲しいと想います。

街をブラブラ歩いたり、気になる名所、旧跡などを訪れてみたり……。そういうことです。

その際に大事なことが、できるだけニュートラルな状態で、その場所を訪れること……。とくに**「交通機関をグレードアップする」**（グリーン車やエグゼクティブクラスの利用）**」「ホテルをグレードアップする」「目的地と違う場所を1ヶ所だけ訪れてみる」**という3点が、私のオススメの出張法です。

ニュートラルな状態でその場所を訪れるために、交通機関やホテルをグレードアップするのです。移動中や出張先は非日常の空間ですし、環境が変化しているので、脳が非常に活性化しやすいだけでなく、エネルギー的にも敏感な状態に陥りやすいのです。

「枕が替わると、眠れない」のは、脳が新しい環境の刺激に対して、興奮状態にあるので起こるのですが、これはエネルギー的にも同じ……。エネルギー的にいつもより敏感になっているので、出張先のホテルなどでは霊体験もしやすくなるのです。その状態で何らかの因縁の深い場所を訪れると、ネガティブな共鳴が起こりやすく、ネガティブなエネルギーを取り込みやすくなるので要注意です。

サイクル5

それでなくても、飛行機や新幹線、ホテルなどは多くの人が、ある意味、興奮状態で利用するので、エネルギー的な影響が増幅されやすくなるのは避けられません。安いからダメ……というワケではありませんが、一般的に高い方が「ゆとり」があります。「ゆとり」があると、ニュートラルに近づくので、できるだけその状態でその土地の波動を感じてみることをオススメします。

「なんとなく、懐かしいような気がする……」「なんとなく、知っている感じがする……」と感じる場所があれば、その場所に少したたずみ、離れる際に「ありがとうございました」と一礼して御礼を言ってから、立ち去ってみましょう。

それだけで、過去の因縁は解かれて、消えていくかもしれません。

実は出張というのは、あくまで表向きの理由で、真の理由や目的はそこにあるのかもしれません。あなたがなんとなく納得した途端、その土地へ出張することはピタッとなくなるかもしれません。そういうスピリチュアルな視点を、少しずつ仕事の現場に取り入れていくことが、あなたの「変化」を加速させることになるのです。

二足目のワラジを履く

「年功序列」や「終身雇用」が崩壊して久しいといわれていますが、スピリチュアル的に診れば、このシステムは、とても理に叶っていると、私は想います。年齢を重ねた人をエネルギー的に尊重するシステムは重要だと想いますし、生涯を通じて社会と関わりを持つために、ずっと働ける環境を提供していくことは、企業や社会にとっての重要な責務であると想います。

「年功序列」も「終身雇用」も、考え方的にはＯＫだと想います。ただ、今はそのシステム自体をもう一度見直す時期に入って来ているのではないでしょうか？

個人が、組織の一員となるのは構いませんが、「そこ」にしか個人の居場所がなく、さらに「そこ」からしか収入が得られないのは、バランスが良くありません。**それは「雇用」という名の「支配」に他なりません。**

もう会社が労働者を囲い込むような時代ではありません。地域に根差したベースキャンプ的な居場所はあってもいいと想いますが、仕事をする個人としては、もっと自由に流動化しても良いのではないかと想うのです。

もう会社に依存して生きる時代ではありません。かといって、みんながみんな、独立起業して自営業者になったり、会社を興す必要もありません。ようは、バランスです。

仕事面でも「組織人」としての顔と、「個人」としての顔を、両方持つことです。

それによって、経済的なエネルギーのバランスも保たれますし、精神的な自立も促されます。そうすることで、初めて会社と個人とがエネルギー的にも対等な関係になるのです。会社とは別の、個人としての仕事を持つことで、自分のブランドが確立され、自己肯定感や生きがい、仕事に対するやりがいも強くなります。それは既存の会社の仕事はもちろん、人生すべてに大きなプラス効果をもたらすことでしょう。

もし、あなたが今の仕事以外に、「やってみたいこと、挑戦してみたいこと」があり、そこに「天職」や「ライフワーク」があるんじゃないかと想っているとしたら、まずは「週末起業」をオススメします。週末だけでも、「提供する側」に回ってみるのです。

もちろん、すでに大好きなことが仕事として成り立っている方は、そんなことを考える必要もありませんが、余暇の時間を遊びやレジャーで消費するだけでなく、別の仕事を立ち上げ、収入につなげることに挑戦してみるのはオススメです。

その際、大事なことは**「自分の大好きなことを仕事にすること」**。そこで「儲かるから……」「楽そうだから……」「今の仕事が活かせるから……」という理由を優先してやると、続かなくなりますし、成果を手にすることもできなくなるので要注意です。

そこは妥協しないでください。あくまで「大好きなこと」を、どうやって仕事に結びつけるのかというスタンスを、常に忘れないようにしてください。

もちろん、趣味は趣味のまま、細々と続けている方がいい……という方も居られると想いますし、「仕事」と「余暇」、「天職」と「適職」などは別々にあるからいい……という考え方もあるでしょう。しかし、「分けて考える」とか、「区別する」という考え方自体が、20世紀的な価値観で、すでに行き詰まっていると想うのです。これからは「統合」していく時代です。**もう趣味と仕事、天職と適職を分けて考える時代ではありません。**

今まで分けて考えていたものを統合するためにも、「好き」や「大好き」を「仕事」にする必要があるのではないかと私は、想うのです。「週末企業」は、そのための「テストマーケッティング」として、私は位置づけています。「クビにされたら、困る」という社員が、会社側から見れば、「一番、クビにしたい社員」です。確かに「週末起業」は「大変な」選択ではありますが、いきなり、クビを切られたら、「大変」では済みません。そうなる前に、まずは「二足目のワラジを履くこと」。

専業主婦の場合でも、「週末起業」にチャレンジしてみることで経済的な自立が促され、社会との接点も広がり、何より自分らしさを表現できるツールを持つことは、「生きがい」にもつながります。今は環境が、それを後押ししてくれている、チャンスの時代です。「会社とは別の収入源を持つ」「大好きなことを仕事にする」は、大変化の時代に、これからの働き方の方向性を示す、非常に重要なキーワードになると、私は確信しています。

転職の作法

先ほど、「個人の仕事はもっと流動的でも良い」と書きましたが、では転職を積極的に勧めているのかと言われれば、そうでもありません。

転職もしたければ、すればいいし、したくないのに、無理にする必要もありません。

ただ、転職する際、大事にして欲しいことは、ひとつだけ……。

「この会社で、私は私のできることを精一杯、やるだけやったか？」ということです。

この質問を自らに投げかけて、即答で「はい」と答えられたら、その会社での学びは卒業です。それは**「卒業の転職」**なので、気持ち良く、次のステージに進んでください。

もし、この質問にすぐに答えられなかったり、ためらいや言い訳、後ろめたさが出て来るようなら、要注意です。それは「卒業の転職」ではなく、**「中退の転職」**です。

現実的にはお金や生活のために働いていたとしても、スピリチュアル的に診ると、働く理由はそれだけではありません。個別に何らかの目的があり、それぞれの学びのテーマに沿って、その仕事や、その職場環境を選んでいることに間違いはありません。

「ひとつのことに情熱を持って、打ち込んでみること」とか、「嫌いな人を受け容れて、許すこと」など、その学びのテーマはさまざまですが、それぞれのテーマに最適な職場や人間関係が、そこには用意されているのです。ですから、そこで「あの人とはやっていられないから、辞～めた」と思って、その会社を辞めてみても、次に入った会社でまた同じタイプの「あの人」が待ち構えていることになるのは避けられません。

さらに、目の前の障害物から逃げれば逃げるほど、ツケが溜まるように、新たな障害物はより大きく、より高く、より厳しいものにバージョンアップされていくことになるのは、覚悟しておいた方が良いでしょう。

つまり、目の前の問題から逃げるように「中退の転職」を繰り返していると、ドンドン状況は過酷になり、敵キャラはドンドン、グレードアップされて、ますます強くなることになるので、逃げれば逃げるほど、あなたのダメージは膨らむことになるのです。

さらにネガティブな動機で始めたことは、やはりネガティブな結果を招くことになります。

残念ながら、「イヤだから、辞める」という理由で辞めてしまうと、「イヤ」から始まっているので、仮に新しい会社に、運良く入れたとしても、やっぱり「イヤ」なことが出て来るのは避けられません。そうやって転職を繰り返してみても、ネガティブな「イヤ」の輪から抜け出すことはできません。

「転職」するのなら、できるだけ「シンプルな理由」がオススメです。

「やりたいことが見つかった……」「なんとなく、おもしろそうだから……」「自分で事業をやってみたかったので……」「これに挑戦してみたいと思って……」など、シンプルで、ポジティブな理由の転職であれば、成功する可能性は大です。

さらに勤めていた会社の仲間と辞めた後もいい関係が築けないような転職は、やはり「中退の転職」であり、ネガティブな転職だと言わざるを得ません。過去の職場の仲間が、今のあなたを応援してくれているのか、それとも足を引っ張ろうとしているのか、エネルギー的に診て、この違いは天と地ほどの差があります。多くの人から応援のエネルギーがもらえない状態では、本当に成功することはできるハズもありません。

あなたがその会社で精一杯、やるだけやったら、あなたのことを応援してくれる人が必ず現れて来ます。それが「転職」の合図であり、変化のタイミングなのかもしれません。

「変化」とは、「新しい自分との出会い」「新たな自分の発見」

変化するということは、新しい自分との出会い、新たな自分の発見です。

もともと、私たちの「魂」は誰でもありませんでした。すべての可能性を秘めた、完全で完璧、パーフェクトに光輝く存在が、本来の私たちの「魂」の姿です。
その「無限の可能性」の中から、私たちは自らの意志で「私」という個性を選んで生まれて来ているのです。まず、ここを受け容れることがすべてのスタートラインです。

誰かと比べて、羨んだり、妬んでみたり、自分自身を卑下したり、罪悪感を抱えてみたり……。そんなことをしている限り、あなたはどこへも辿り着けませんし、本当に変化することもできません。**変化とは、自分とは違う何かになろうとすることではなく、「本当の自分」により近づくことに他なりません。**たくさんの「変化」を経験するということは、「新たな自分」をたくさん見つけるということであり、自らの無限の可能性に気づくプロセスを歩んでいることに他なりません。

あなたが会社の名刺を出して、「私、○○会社の××です」と名乗る時、あなたは「○○会社の××」以外の役割をすべて否定したということになります。少なくとも、名刺を渡した相手に対して、「○○会社の××」以外の者ではないと宣言しているのと同じです。
それはあなたが、「歌手」でもなければ、「俳優」でもないし、「パティシエ」でもないと、宣言しているのと同じです。もちろん、あなたは今、「歌手」でも「俳優」でも「パティシエ」でもないかもしれませんが、未来がどうなるのかは誰にもわかりません。しかしあなたが「○○会社の××」の名刺を配って、名乗れば名乗るほど、あなたは「○○会社の××」さん以外の可能性を否定していることになるのです。

もちろんあなたが、「○○会社の××」という「役割」が気に入っているのなら良いのです。それが「天職」だと想って、楽しくお仕事しているのなら問題はないでしょう。

しかしそれにしても、その「肩書き」はあなたの人生における「役割」の中の一部に過ぎません。それを文字に書いて、自ら名乗ってしまうのは、自分は「○○会社の××」ということを証人つきで、宇宙に宣言しているのと同じことです。

名刺には文字と言葉が印刷されているので、否応なくエネルギーを持ち、3次元的なエネルギーが固定化されてしまうのです。

つまり、あなたが名刺を配れば配るほど、あなたはドンドン名刺に書いてある通りの人になってしまうということです。その何気ない行為があなたを変化から遠ざけ、「本当の自分」や「新しい自分」との出会いから隔離してしまっていることに多くの人は気づいていません。

自らの無限の可能性を認め、「何でも好きなことをしてもいいんだよ」と自らにＯＫを出すことこそ、「変化」の本質です。

ひとつのことに秀でた人ほど、別の分野でもさまざまな才能を開花させています。

これはその人が「変化」を受け容れ、自らの無限の可能性に気づいた証しであり、制限していた才能を解放させてやることで、あらゆる分野でアッという間に「プロ」になることができるという証明です。

もう自らの無限の可能性を制限して、縮こまったまま生きる時代ではないのです。

サイクル 6

育む

6．育む（はぐくむ）

「サイクル：6」は「愛情」。

信頼と援助のタイミングです。パートナーや恋人、親子、兄弟などの家族や身近な友人・同僚などとの人間関係がクローズアップされることになるのは避けられません。信頼関係をベースにした「愛情」の深さや絆の強さが試されるような出来事が起こる可能性が大です。

樹木の成長に例えると、「花が咲く」時。見た目は派手で、わかりやすい出来事が起こりやすいタイミングですが、花が咲いて、終わりではなく、花が咲いた後が、とても重要になるということを覚えておきましょう。とくに女性の場合は人生の大きな節目の出来事となる 「結婚」「妊娠」「出産」などを経験しやすい時期でもあります。

「6」は「妊婦」や「教師」を象徴する数字です。プライベートはもちろん、仕事面でもこの時期は、「生み、育み、育てる」ということがクローズアップされて来ることでしょう。夫婦や親子、上司や同僚などと向き合わざるを得ないような「問題」が起きてくる可能性も大です。

この時期には「良いこと」も、「悪いこと」も起こる可能性があります。起こった出来事に対して、どうキチンと対処していくのかが、最も大事な視点であり、その態度が、今後の人生の成果を決める大事な分岐点となることでしょう。

「教える」と「育む」の違い

ここに「教える」というテーマで、私が書いた文章があるので、引用させていただきます。

＊＊＊＊＊　＊＊＊＊＊　＊＊＊＊＊

『教える』

本当の意味で、誰かが何かを
「教える」ことなどできないのかもしれません。
私たちにできるのは、思い出すことだけです。

「教える」の語源は、「愛おしさ」を「得る」ために、相手の気を引く行為を表す言葉であり、そこには打算や駆け引きが含まれています。

「教える」とは、技術や知識を持った者が、持たざる者に指導することであり、そこには歴然とした力関係が存在します。

しかし、本当に大切なことや年長者の経験から生まれた智慧は「伝える」ことはできても、「教える」ことはできないのです。

教える側に「教えてやっている」という意識がある限り、同時に教えられる側にも「教えてもらっている」という意識がある限り、伝わるのは、せいぜいノウハウやマニュアルといった知識に過ぎません。

私たちは本来、生まれながらに完全な存在であり、「教えてもらう」ことなど、何もないのかもしれません。少なくとも「本当に大切なこと」を伝えようと想えば、「教える側」と「教えられる側」に分けることなどできません。「本当に大切なこと」を分かち合う時、どちらにも「教え、教えられる」という意識はなくなります。

共に学び、分かち合うという「ひとつ」の意識で、お互いのすべてを共鳴させることで、大切なものを伝え合うことができるようになるのです。

今日はあなたが誰かに何かを「教える」場面を想い出してみましょう。

そこにあなたの「教えてやっている」という意識は、なかったでしょうか？

その時、確かに知識を「教える」ことはできたかもしれませんが、波動としては、「自分の方が優れている」という傲慢なものが伝わっていたかもしれません。

私たちは、「教えてもらっている」のではなく、ただ「想い出している」だけなのかもしれません。

「すべての答えはその人の中にある」という完全な目で他人を見る時、私たちにできることは、「教える」のでも、「教えられる」のでもなく、ただ謙虚に、分かち合うことだけなのです。


『こころの扉2』(はづき虹映著・アルマット刊)より

＊＊＊＊＊　　＊＊＊＊＊　　＊＊＊＊＊

本当に大切なものほど、「教える」ことはできないようになっています。

「育む」とは、「親鳥がヒナを羽でくるむ」様子から生まれた言葉だといわれています。

それを人間に当てはめると**「ハグ・汲む」**。**「やさしく抱きしめて、その人が持つ才能を汲み出してあげること」**という風に解釈できるのではないでしょうか？

英語の「ｅｄｕｃａｔｉｏｎ」も、「引き出す」という言葉が語源になっているそうですが、同じことです。

スピリチュアル的に診れば、本来、私たちの魂は誰もが完全な状態です。

そう……、必要なものは、元々、私たちにはすべて備わっていて、不足しているものなど、何もないのです。**私たちにできるのは、まず自分が何者であるのかを想い出すこと。相手が想い出すお手伝いをしてあげること。**ただ、それだけなのかもしれません。

そうした「完全」の目で相手をみることが、本当の「教育」＝「共育（共に成長する）」、のスタートラインになるのではないでしょうか。

「部下」の育成と「子育て」の共通点

先日、近くの小学校のグラウンド横を通っていると、そこで少年野球の練習が行われていました。私も昔は「野球少年」だったので、つい立ち止まって見ていました。

暑い中、子供たちも大変ですが、コーチ役の大人の方も、本当にご苦労様で、アタマが下がるな～と思って、見ていると、突然、コーチ役の男性の罵声が……。

「コラ～、何考えとんじゃぁ～　アホか～　お前は……！」

これでもかっ！　というくらい大声で、子供たちに怒鳴りまくっていました。あまりの剣幕に思わず、聞いていた私の身体も緊張して硬くなりました。

こうやって怒鳴りまくって、本当に野球がうまくなるのでしょうか？

これで子供たちは、野球を好きになるのでしょうか？

言葉の持つチカラ、怒りのエネルギーの強さを考えると、もう少し、なんとかならないものかと、真剣に想いました。別に私が怒鳴られたワケでも何でもありませんが、本当に身につまされる想いでいっぱいになりました。

ちょっと想像してみてください……。

身長120センチくらいの小学生にとって、170センチを超える大人は、自分のほぼ1・5倍の大きさに相当します。つまり、170センチの大人を基準に考えれば、その1・5倍の大きさとは、なんと250センチ以上に相当するのです。

あなたがもし、身長250センチ以上の巨人？から、大声で罵倒されたとしたら……。

それが、どれくらい恐ろしいことかは、きっと誰にでも想像がつくと想います。

「大人」とは単なる「大きい人」ではありません。「大した人」という意味です。**どんな時でも声を荒らげず、余裕を持って振る舞える、器の大きな人物のことを「大人」というのです。**しつけ、教育、指導という名の下に、子供や部下を怒鳴り散らしているような人に、「大人」を名乗る資格はありません。

もちろん大人同士になれば、体格的に同等なので、そこまでの差はないかもしれません。それにしても、圧倒的な権力を握っている者が、その権力を傘に着て、相手を怒鳴ったり、威圧するのは、エネルギー的に診れば、まったく同じことだと言えるでしょう。

仕事の場合、生活がかかっていますから、怒鳴られている側は、生命の危機を感じてもおかしくありません。怒りのパワーは、それくらい強いのです。

怒りのパワーで相手を服従させることを教育とは呼べません。それは指導ではなく、エネルギー的な暴力に他なりません。それで周りの部下が素直に育つワケはないのです。

もちろん、出したエネルギーが受け取るエネルギーなので、最終的にダメージを受けるのは怒っている本人に違いありませんが、それが周りにどれだけの影響を与えることになるのかは、部下を持つ立場になった人間は、よくよく認識しておく必要があるでしょう。

部下や子供たちを指導・教育していくのは、とても尊い、大切なお仕事です。
しかし、本当に指導・教育が必要なのは、部下や子供ではなく、それを指導する立場の上司や大人の側なのではないでしょうか？

スピリチュアルな視点で診れば、新しく生まれて来る「魂」ほど、「あちらの世界」の最新情報を持って生まれて来ているといわれます。**「魂の進化レベル」で診れば、圧倒的に後から生まれて来た人の方が高いし、進んでいるのです。**この世では年長者ですが、あの世から見れば、年長者ほど「進化が遅れている人」なのです。そのことを忘れないようにしたいものです。

私も5人の子供に恵まれ、父親という役割をさせていただいていますし、会社では少ないながらも部下が居る立場です。しかし、子供たちや部下であるスタッフたちと接する度に、日々、自分の未熟さを痛感しています。

スピリチュアルな視点から診れば、より未熟な年長者が、魂がより進化・成熟した芸者から、スピリチュアルな最新の知恵や情報を教えてもらっているのです。そこのところを間違えないようにしたいものです。

部下の育成も、子育ても、そういう意味ではまったく同じ……。子育てが上手にできない人は、部下もうまく指導できないでしょうし、部下の育成がうまい人は、きっと子育ても上手にできていることでしょう。残念ながら？　うまくできる人は、どちらもうまくできますし、うまくできない人は、どちらもうまくできないのです。それらは同じエネルギーを使っていますので、どちらか一方……というのはあり得ません。

あなたは「どちらも」うまくいっていますか？　それとも……。

「親」という字にみる教育論

「教育」の原点は、「真似（マネ）」です。「学ぶ」は「まねる」から派生した言葉です。幼い子供にとって、親が唯一、絶対のお手本で、ほとんど神様と同じなのです。だから子供は教えなくても、勝手に親を手本に、親のマネをするのです。

子供にとって、最高の教育環境とは何でしょう？

胎教から始まって、早期の幼児教育でしょうか？　右脳教育？　語学教育？　水泳や体操などのエクササイズプログラムでしょうか？

もちろん、子供にそういう環境を提供してあげることも、親として大切な務めであるかもしれません。子供の可能性を引き出すような機会を提供してあげられるのは、素晴らしいことだと想います。しかし、その前提として、もっと大事なことがあるのではないでしょうか。

親自身が、「自分らしく輝いて、幸せであること」。

これが子供にとって、最高の……、文字通り「最幸」の教育環境ではないでしょうか。

子供にとって、親が幸せで、輝いている姿を見ることほど、幸せなことはありません。子供は誰だって、親に喜んで欲しいですし、親が幸せで輝いて生きていれば、勝手に子供はそれをマネすることになるでしょう。親が幸せで輝いていれば、子供に「幸せのフォーム」が勝手に伝染することになるのです。

「幸せの基礎フォーム」ができている子供と、そうではない子供……。

この「違い」は非常に大きな違いです。

これが人生における、すべての土台になるのではないでしょうか？

ここができていないのに、どんな素晴らしい教育環境を整えても、ほとんど意味はないと私は想うのですが、どうでしょうか？

サイクル 6

「親」という漢字を分解すると、「木の上に立って、そばで見守る」と読み解くことができます。これが親の役割を端的に表していると想います。

親が子供に対してできることは、「そばで見守る」ことだけです。

親の人生は親のもの……。子供の人生は子供のもの……。それは親子であっても、どうすることもできません。ただ、見守るしかないのです。

スピリチュアル的に診ると、「愛」の反対は「無関心」だといわれます。

確かに関心のないところに、「愛」が育つことはありません。言い方を換えれば、「関心を持って見ること」が「愛」であり、あれこれ世話を焼いたり、口出しや指図をしたりするのは、真の「愛」ではないということです。

残念ながら、「子供のため……」は、子供のためではなく、ほとんどが自分のため……。親自身が自分の満たされない部分を子供に投影して、自らの欲求や願望を解消しようとしているだけです。

金持ちケンカせず……ではありませんが、親自体が本当に幸せなら、子供に余計な口出しをしようなどとは想わないハズです。「あなたの好きなようにやってみたら……」と言って、あとは黙って、見守っていることでしょう。それが本当の「愛」ではないでしょうか？

部下の育成に関しても、まったく同じ……。何より大切なことは、まずはあなた自身が、仕事を通じて、「自分らしく輝いて、幸せであること」です。

それがあなたの周りの人にとって、「最幸のお手本」になり、「最幸の共育」になります。

あとは「やってごらん……」と言って、ニコニコしながら、ただ黙って、見守るだけです。

そこで教えることなど、何もないのかもしれません。

すべての人間関係を育むスタート地点はどこに……

すべての人間関係の根元はどこにあるかといえば、当然、親子関係です。

そこがすべての人間関係の「種」に当たる部分です。私たちが現在、身につけている価値観の大半は親から引き継いだものに違いありません。

しかし、自分が大人になって、さらに子供を持つ身になると、きっと誰もが痛感すると想いますが、子供ができたからといって、勝手に「親」になるワケでも、「大人」になれるワケでもありません。きっと「未熟な親」である自分に、改めてビックリすることでしょう。

そう、私たちの親も、まったく同じなのです。幼い頃、神様のように「完璧だ」と信じていた親とは、この程度のモンです（笑）。だからこそ、親は自分のことに手を抜かないようにしなければなりません。自らの幸せ度を上げ、自分を高めていくことが、自分自身はもちろん、子供にとっても、最も良い影響を与えることになるのですから……。

その際、「未熟な自分」を受け容れることと同時に、「未熟だった自分の親」を受け容れて、許すことが、とても大切な視点になります。

スピリチュアルな視点で診ると、**「すべての子供は親に許しを与えるために生まれて来る」**といわれています。私たちが生まれて来る目的のひとつは、「親を許すこと」なのかもしれません。だからこそ、私たちはあえて「未熟な親」を選んで生まれて来ているのかもしれません。

すべての人間関係の根元に当たるのが親子関係なのですから、身の周りの人間関係をひとつずつ整えようと頑張るより、まずは親子関係を改善した方が早いし、効率的です。夫婦やパートナーシップといった男女関係も、その根元はすべて、親子関係にあるのです。

仕事上のトラブルも、その根元を辿っていくと、大抵は人間関係に行き着きます。

人間関係がうまくいっていれば、大きなトラブルが発生することはありませんし、仮にトラブルが発生したとしても、それが拡大したり、深刻な状況を招く事態にはなりません。

会社にトラブルが発生した時、コンサルタントとして、私はまず、その会社の代表者の夫婦関係や親子関係の状態をチェックするようにしています。深刻なトラブルを抱えている会社の代表者の多くは、自分の親との関係が険悪で、夫婦関係が冷めており、子供が病気やトラブルを抱えていることが本当に多いのです。

この状態で、会社に起こったトラブルだけ、なんとかしようとしてみても無理があります。対症療法で一時的に会社は持ち直すかもしれませんが、根本的な身近な人間関係が改善されない限り、また同じようなトラブルが発生することになるだけなのです。

多くの人は仕事と家庭、プライベートの問題を切り離して考えようとしますが、ひとりの人間がやっていることですから、本来、分けることなどできません。

仕事と家庭とは同じエネルギーの裏表……。

家族との人間関係がうまくいっていないのに、会社での人間関係がうまくいくハズはないのです。残念ながら？　ここでも、うまくいく人は、どちらもうまくできますし、うまくいかない人は、どちらもうまくいきません。

そして、どちらが先かと言われたら、**仕事の方ではなく、家族**なのです。
それも**自分の親との関係。これがすべての人間関係の根元**です。仕事を本当にうまくいかせたいと想うのなら、まずは親孝行から始めないといけないのかもしれません。

「期待」するということ

社内で「君に期待しているぞ！」と上司から声をかけられた部下は、きっとうれしいと思います。サラリーマン時代の私なら、素直に喜んだと想います。

「期待」するのは良いことで、それが部下を育てるための、ひとつの手段だと想っている方も多いかもしれません。しかし、本当に相手に「期待」しても良いのでしょうか？

誰かに「期待」しているといえば、確かに聞こえは良いのですが、「期待」とは物事がこうあるべきだと決めつけ、相手を自分の想い通りにコントロールして、自分の欲求を満たそうとしていることに他なりません。

確かに最初は「期待」に応えることも楽しいかもしれません。「必要とされている感じ」は、あなたに高揚感を与え、「期待」に応えた時の相手の喜ぶ姿を見ることによって、充実感や達成感も得られるでしょう。

しかし、「期待する側」も、「期待される側」も、どちらにしても「期待」は最終的に、必ず裏切られることになります。一時的に「期待」通りの結果が得られたとしても、さらにお互いがエスカレートした状態を「期待」してしまうので、誰かに何かを「期待」している限り、どちらとも永遠に満足感を得ることはできないのです。

幼い頃から親の「期待」を背負わされ、「期待」に応えることが自分の「役割」になってしまっている人も確かに存在しています。

しかし、その「親の期待に応える役割を演じているあなた」は、「本当のあなた」だと言えるでしょうか？

サイクル 6

誰かの「期待」に応え続ける生き方は、本当に楽しいですか？　ぜひ、自らの内側に本音で問いかけてみてください。

あなたが誰かの「期待」に応えようとする生き方を選択していると、「期待」する相手は、親から始まって、先生や先輩、恋人や友人、会社の上司や同僚など、ドンドン拡大してゆきます。あらゆる人の「期待」に応え続けようとしていると、最終的には自分でも自分に「期待」するようになってしまいます。

「期待に応えなくちゃ……」「ちゃんとやらなくちゃ……」「もっと頑張らなくちゃ……」と、自分に「期待」して、自らをドンドン追い込むことになるのです。

自分が演じる「役割」に「期待」することで、あるがままの自分からはドンドン遠ざかり、すべての「期待」に応えられない自分を責め、欲求不満が高まり、イライラや怒りが募り、さらにストレスが膨らんでいくのです。

自分に「期待」する人は、「～すべき」「～するのが当然」として、他人にも「期待」するようになります。とくに自分が「期待」に応えようと頑張っている人ほど、部下や取引先、パートナーや子供など、自分よりも力の劣る人に対して、厳しく「期待」するようになり、その「期待」が裏切られた時には、ネガティブな感情が爆発することになるのです。

もう、そんな悪循環から自分を解放してあげても良い時期です。


部下や子供に「期待」するのはやめましょう。

あなた自身も「期待」に応える生き方は、もう手放してもいいのです。

「期待」しても、されても、やがて、その「期待」は裏切られることになり、どちらにしてもイライラするし、腹が立つだけです。「期待」を手放せば、それらのイライラから永遠に解放されることになるのです。「期待」しても、しなくても、部下も子供も勝手に育ちます。

あなたがあなたに「期待」するのをやめれば、「本当のあなた」の力が勝手に開花するのです。

「育てる」ということの本当の意味

「育つ」という言葉の語源は、「筋が通る」というところから来ているようです。

自分の中にブレないような芯や軸が1本できることを「育つ」と表現したようです。

「育てる」とは、そうした「軸を作るお手伝い」のことを指し、それは今風に言うと、「自立を促す」ということになるのかもしれません。

「育てる」ことの最終形は、「育てる必要がなくなること」です。

「育てている側」からすれば、自分が必要としなくなるように育てていくのですから、なんだかちょっと矛盾していますが、これが本当に「愛する」ということであり、誠実に「育てる」という行為は「無償の愛」の実践に他なりません。

相手が本当にちゃんと育てば、やがてあなたは必要なくなります。相手にとって、あなたが必要なくなった時こそ、相手が本当に「育った」と言えるのです。エゴからすれば、自分が必要とされなくなるのは、非常に怖いですし、最も避けたいことかもしれませんが、魂レベルでは、これ以上、素晴らしいお仕事はないのです。

相手を育てる際、期待してはいけません。期待していては本当に育てることはできません。育てた相手は、やがてあなたのライバルになるかもしれませんし、あなたを軽々と超えていくかもしれません。冷静に考えるとあなたにとって、相手を育てることの現実的なメリットは、ほとんどありません。

にもかかわらず、なぜか私たちは部下や子供、取引先やお客様、ライバルまでもをついつい「育ててしまう」のです。ここに宇宙の真理が隠されています。

私たちが、誰かを「育ててしまう」のは、私たちが誰かに「育ててもらった」からに他なりません。先に「愛」のエネルギーを受け取ってしまっているから、誰かに同じエネルギーをお返ししたくなるのです。

もちろん、育ててもらった一番の恩人は、両親でしょう。それ以外にも、学校の先生やクラブの顧問、先輩、会社の上司やメンターなど、私たちはたくさんの人に支えられ、育ててもらって、今こうして生きているのです。

もちろん、育ててもらった相手に直接、お返しをするのもいいでしょう。しかし、自分が親になってわかったのは、子供を育てている時は、見返りなど一切期待していません。ただ、自分にできることを一生懸命やっているだけです。それでいいのだと想います。

そうやって、「無償の愛」によって育ててもらった人は、やがて誰かを、子供や部下や周りの人を、同じように「無償の愛」をもって、自然に育てることになるのだと想います。

親や上司、メンターに対する「最幸の恩返し」は、自分が親や上司、メンターとなり、教えてもらった知恵を「ペイフォワード（善意の先送り）」することに他なりません。

そうやって、「無償の愛」のエネルギーが拡大し、循環していくことになるのです。

「育てる」ということは、目の前の相手を通して、宇宙に「エネルギーの恩返し」をしていることに他なりません。そんな健気なあなたを、宇宙がそのまま放っておくと想いますか？

7

休む

7：休む

「サイクル：7」は「休息」。

自分の内側を見つめ直す、内面充実・充電の時期。今までの自分の生き方を振り返らざるを得ないような出来事が起こりやすいタイミングなので、意識的に少しペースダウンしてみましょう。今まで続けて来たことをちょっと「お休み」して、少し距離を置いた位置から、客観的に眺めてみることが大切です。

樹木の成長に例えると、「剪定」の時期。自分自身の「お手入れ・メンテナンス」に努めるタイミングです。とくに目に見えない部分を見つめ直し、役に立たない考え方や価値観は手放し、内面の充実を心がけることが大切です。「休息」といっても、何もせず、ボーッとしているのではなく、来るべき収穫の時期を控えて、それに相応しい態勢を整えたり、準備のために、自らを磨いていくことにエネルギーを費やすのがオススメです。

「7」は「ひとりでやる」という数字です。なので、仕事面でも単独行動を心がけ、自らの自立を促し、スキルアップを心がけるようにしましょう。気の置けない同僚や親しい友人と一緒に行動するのではなく、あくまでひとりの時間を大切に、ゆったりとした自分のペースで、自らの興味のある分野に時間とお金を費やしてみること。新しいスキルを身につけたり、知識や資格を習得するなど、自己投資のために時間とお金をかけると良いでしょう。

「休むこと」と「遊ぶこと」

「週末の楽しみのために、ウィークデーはガマンして働く……」
「バカンスのために、働いている……」
「趣味が生きがいで、仕事はお金のためと割り切ってやっているだけ……」

確かに、そういう生き方もあるでしょう。それが「悪い」ワケでも、「間違っている」ワケでもありません。

しかし……。その生き方は、時間的にみても、エネルギー的に診ても、とてももったいない生き方です。仮に、9～5時の実働8時間、完全週休2日制、通勤時間なども一切、計算に入れなかったとしても、眠っている時間を除けば、1週間のうち、やはり3分の1以上は職場で過ごす計算になります。

もちろん、残りの3分の2の方が時間的にも多いですし、そこを充実させるために、仕事の時間は割り切って考えるという選択もアリですが、それにしても、人生の3分の1を犠牲にしてしまうのは、やっぱりエネルギー的に診ても損で、もったいない生き方だと言えるのではないでしょうか？

もう「仕事」と「休み」、「ビジネス」と「遊び」を分けて考える時代ではありません。

21世紀は「分ける」のではなく、「統合・調和する」時代です。

「どちらか」ではなく、「どちらも」の時代なのです。

仕事に命をかけるのか、休みだけを楽しみに生きるのか……。猛烈ビジネスパーソンになるのか、遊び人として一生を過ごすのか……。もう、そういう両極端の生き方の間で、二者択一をする必要などありません。それはまったく違う正反対の生き方のように見えますが、「偏っている」という点では同じです。

向かっている方向が違うだけで、中心から見れば、同じだけズレているのです。

本当に趣味が生きがいなら、その生きがいを仕事にしてしまうことはできないのでしょうか？　インターネット時代の今は、あなたの趣味が、そのまま仕事になる時代です。

あなたが趣味で作っているアクセサリーを、「こんなモノを探していた！　ぜひ、譲って欲しい……」という人が現れるかもしれません。あなたが趣味で集めていたコレクションをネットオークションに出品すれば、想わぬ高値がつくかもしれません。

あなたが今まで、たくさんの時間とお金をかけて、学んだスピリチュアルな智慧をまとめて、冊子の形にすれば、「そのノウハウが欲しい……」と言って、買ってくださる方が出て来るかもしれません。実際、そういうニッチ（すき間）なニーズがインターネットによって、掘り起こされ、ビジネス化している時代ですし、そういう実例はゴマンとあります。

私の身近でも、ほんの数年前まで「フツーの主婦」をしていた女性が、あるキッカケでブログが大人気となり、半年後には1日のセミナーが告知後、数時間で満員となり、１日で１００万円を稼ぐ人気講師になってしまったようなケースも実際に起きているのです。


仕事も遊びも、どちらも楽しんでしまえばいいのです。もともと宇宙には「仕事」と「休み」、「ビジネス」と「遊び」などの区別はありません。区別していること自体が、問題です。それらを区別している限り、人生を１００％楽しむことはできません。

あなたが「何をしているのか？」は問題ではなく、「今、やっていること」にどう取り組んでいるのか……、どんな気持ち、どんなエネルギーでそれに取り組んでいるのかだけが、宇宙に、そして自らの内側に問われることになるのです。

仕事をしているからエライとか、遊んでいるからダメだ……とか、そういう価値観は宇宙には通用しません。どんなに仕事を頑張っていても、ガマンして、イヤイヤやっているようでは、そのネガティブなエネルギーだけが宇宙に届き、それが自分に返って来るだけなのです。周りから好きなことだけして、遊んでいるように見えたとしても、楽しくワクワクやっていれば、やっぱりポジティブなエネルギーが返って来て、それがお金や豊かさにつながっていくことになっても何の不思議もありません。

3次元的な常識や善悪の価値観から見れば一見、不公平に映るかもしれませんが、エネルギーレベルで診れば、完全に公平・平等で、それは見事に**「自分が出したエネルギーが、返って来ているだけ」**のことです。

楽しい人生を送りたいのなら、今、目の前にあることをすべて、楽しむことです。

仕事とか、遊びとか区別するのではなく、今、この瞬間の人生そのものを楽しむことです。

もう休むため……、遊ぶために仕事をしている場合ではありません。

遊びを仕事にしてしまうこと……。仕事で思い切り、遊んでしまうこと……。

「仕事と休み」、「ビジネスと遊び」の区別がなくなった時、あなたの人生は、本当の輝きを放ち始めるのです。

「立ち止まる」ことの重要性

旧約聖書には、「1週間の7日目を安息日として、労働をしてはいけない」ということが明記されているそうです。これはキリスト教などにおいて、神が天地創造の7日目に仕事をしなかったことに由来しており、その日は「何も行ってはならないと定められた日」とされているそうです。

ここに休日というものに対する考え方の原点が表されているように私は想います。

休日の原点は「何もしない日」ということです。

そこに「遊びに行く」とか、「趣味に時間を費やす」とか、そういう概念はどこにもありません。では、「何もせず、ダラダラと1日を過ごす」のがいいかといえば、そうでもありません。厳密に言えば、「何もしない」ということを積極的に行う必要があるワケで、「何もしたくないから、ゴロゴロと寝て過ごす」というのは、積極的な選択の結果ではありません。

本来の「休日」は「安息日」ですから、文字通り「息を安らかにする」ことであり、「心安らかに静かに息を整え、自分の内側と向き合い、神に祈りを捧げるための日」が、キリスト教圏における「休日」の正しい？　過ごし方だと言えるでしょう。

実は日本では、一部の官僚を除いては、明治時代になるまで、「休日」という概念は存在していませんでした。江戸時代までは、決まった日に休むなどという習慣はなく、盆や正月、冠婚葬祭など祭礼の日などだけに、仕事を休んでいたということです。

明治に入って、欧米との交易が始まるにつれ、西暦のカレンダーを採用するように迫られた政府が、特定の日を休みにしたのが始まりで、日本の「休日」の歴史は、せいぜい130年ほどです。

元々、「休む」という習慣がなかった日本人が、「休む」意味や目的も、よく理解しないまま、欧米のスタイルだけをマネてしまったところに問題の本質があるように想います。

キリスト教において、なぜ7日目を「安息日」にするのかも定かではありませんが、スピリチュアルな視点から診て、これは「立ち止まるための日」であると、私は想っています。

「休日」＝「立ち止まるための日」。つまり、「休日」は自分の現在地や方向性を確認するために、自らの内面と向き合うための時間……と言ってもいいでしょう。

自らの内面と静かに向き合うため、息を整え、安らかに過ごすのです。それが「休日」本来の過ごし方であり、そこに「休日」の目的があると、私は想います。

仕事をする中ではもちろん、人生全般においても、多くの人は、この「立ち止まる」ということの重要性に気づいていません。

「始めたからには最後までやるしかない……」「決めたことは絶対に最後まで……」「ここまで来たのに、引き返すなんてできない……」「もうあと少しなのに、やめるのはもったいない……」など。

確かにそうかもしれませんが、明確な理由もなく、ただ流されるままに続けていることはないでしょうか？　お仕事において、「始めること」「やってみること」「続けること」が大事なように、同様に「立ち止まること」「振り返ってみること」「手放すこと」も、とても大事な要素です。すべてはバランスで成り立っていますから、プラスのエネルギーばかりが「良い」ことなのではありません。時には、**ブレーキを踏んだり、ストップするというような、マイナスのエネルギーも同じように大切なのです。**

立ち止まったり、やめてみたり、手放してみるのは、とても勇気のいる行為です。

ある意味、初めてのことに挑戦するより、恐怖を感じるかもしれません。だからこそ、人

サイクル 7

はそう簡単に立ち止まれないのです。悪いと想っていても、ダメだと想っていても、何かが違う……、おかしい……、こんなハズじゃないのに……と想っていても、自らの意志で、勇気を持って、立ち止まることは本当に難しいのです。

犯罪を犯した人は、逮捕されると一様にホッとすると言います。これは「立ち止まる勇気」が出せなかったのが、逮捕によって強制的に立ち止まらされてしまったことに対する「安堵感」を表しているに他なりません。犯人は自分が悪いことをした……と、心のどこかでちゃんとわかっているのです。だから、捕まるとホッとするのです。

これとまったく同じことが人生においても……、仕事上においても言えるのです。

「どこか、おかしい……」「本当にしたいことはコレじゃない……」「違和感が消えない……」など、あなたが仕事上で抱えている疑問や不安に対して、それを「見て見ぬフリ」をして過ごすのではなく、キチンと立ち止まって、見つめる必要があるのです。

それを無視していると、いつかは犯罪者が逮捕される時のように、宇宙に**「強制停止ボタン」**を押されてしまうことになるので、要注意です。

それは、仕事上では「プロジェクトの失敗」という形かもしれませんし、「内部分裂」「組織崩壊」「派閥抗争」「左遷」「解任」「リストラ」などの形で起こるかもしれません。

あるいは、「倒産」「破綻」「破産」というお金がらみのトラブルかもしれませんし、「離婚や浮気、不倫」「子供の病気や非行」という家庭の問題として発生するかもしれません。本人がケガや事故、大きな病気を患う形で出ることもあるでしょう。


いずれにしても、宇宙に「強制停止ボタン」を押されてしまったら、もうどうしようもないのです。もちろん、長い目で見れば、それも決して「悪い」ことではなく、必要な出来事なのですが、やはり大きなダメージを受けることは避けられません。

その人生における「大きな衝撃」を避けるための行為が、自らの意志で「立ち止まる」ということであり、それが「休日」が存在する、本当の意味なのです。

「ひとりになる」ということ

自営業者や経営者として、仕事にかかわっていると「オン」と「オフ」という感覚はなくなります。「仕事」と「休み」という境界線があいまいになり、区別するのが難しくなって来ます。1年365日、働いていると言えば、そうですし、遊んでいるようなもの……と言われれば、確かにそうかもしれません。

しかし、その状態は毎日、家事をしている主婦や育児に携わっているお母さんにとっては「当たり前」で、主婦や母は年中、休みなく働いているのです。

「会社に行っていること」＝「仕事」だと想っていたら、大間違いです。それはたくさんある仕事のウチの、ひとつの形態に過ぎません。

私たちが何かをしている時、それはその「コト」に仕えて、時間とエネルギーを費やしているのですから、「仕事」だと呼んでもまったく差し支えありません。

私たちは生きている間中、何らかの「コト」に仕えています。

つまり、「何もしない」という「コト」を意識しない限り、「仕事」から解放されることは、一生ないのです。だからこそ、キリスト教は、あえて、「何もしない日」をカレンダーに組み込んで、「何もしない」という「コト」を、私たちに明確に意識させようとしてくれているのかもしれません。

「何もしないコト」を現代風に解釈するなら、「リラクゼーション」ということになるかもしれません。具体的には、温泉やお風呂に入ってボーッとしたり、気持ちの良いマッサージを受けてまどろんだり、海や山など大自然の中に入って、深呼吸を繰り返したり、「瞑想」の習慣を身につけたりなどが、それに当たるでしょう。

現代人は忙し過ぎるので、何もしないように自らが積極的に、働きかけていかないと、「何もしない状態」を創り出すことさえできない……という、ややこしい状態に陥ってしまっているのです。

では、なぜ、それほどまでに「何もしないコト」「何もしない時間」が大切になるのでしょうか？　これは、**「自らの現在地を知るため」**だと、私は想います。なぜ、現在地を確認する必要があるのかといえば、どこへ向かっているのかを知るためです。

人は「自分がどこへ向かっているのか？」を問わずには、生きていけない生き物なのです。それが人間の、人間たるゆえんではないかと私は想います。

そして、この「人間らしさ」を象徴する究極の問いを投げかけ、答えるためには、「何もしないコト」「何もしない時間」が必要不可欠であり、そのために私たちは立ち止まり、自らの現在地を確認する必要が出て来るのだと想います。

つまり、自らの人生の方向性を見極め、現在地を確認するために、自らの意志で立ち止まることができることこそ、最も人間らしい行為であり、人間だけに与えられた特権だと言えるかもしれません。その特権を、あなたはキチンと活用しているでしょうか？

「何もしないコト」とは、言い換えると、「ひとりになる」ということです。

私たちは生まれて来る時も、亡くなる時も、「ひとり」です。どんなに愛し合ったふたりでも、「同時に」亡くなることはできたとしても、「一緒に」に逝くことはできません。あの世に逝く時は、やはりひとりずつ、別々に逝くしかないのです。

勇気を持って、立ち止まり、自らの現在地を確認する作業も、ひとりでしかできない作業です。自分の内側と向き合うのは、誰も助けてはくれません。あなたが自分ひとりで、やるしかないのです。そして、人生を歩むのも、やはり、あなたひとりでしかできないことです。

あなたの人生を代わりに生きてくれる人など、どこにも居ません。

「休む」↓「何もしないコト・時間」↓「立ち止まる」↓「自らの現在地を確認する」↓「向かうべき方向性を確認する」↓「人生をひとりで歩く覚悟をする（自立する）」↓「自分で

やると決める」→「ひとりになる」

というプロセスです。つまり、「休む」ということを通して、私たちは自立し、「ひとりになる」ということを改めて体験し、覚悟し、学んでいるのです。「休む」ということは、「自分ひとりでもやる」ということを確認するための時間です。

「休む」のは決して、現実から逃避するために、快楽な時間に逃げ込むことではありません。「休む」「立ち止まる」時間を持ち、自分自身の内側と向き合うことによって、「やらされている仕事」や「ただ、なんとなくやっている仕事」から、自らの意志で責任を持って、もっと積極的に仕事とかかわっていくことができるようになるのです。

そして、それが本当に自らの人生に責任を持つという、静かな覚悟につながっていくのだと、私は想います。

サイクル7 あなたが頑張る「本当の理由」とは？

あなたが「頑張る理由」とは何でしょう？

「生きていくため……」「お金のため……」「出世のため……」「愛する家族のため……」

あなたが頑張ることは、本当にそれらの「ため」になっているのでしょうか？

頑張ることは楽しいですか？　どうして、あなたはそんなに頑張っているのでしょう？

あなたが頑張っている時、それは「自分の我（＝エゴ）を張って、懸命に自分の正しさを主張している時」に他なりません。

それは「こんなに頑張っているのにぃ……」と我を張って、自分が特別な存在であることを周囲に認めてもらおうとアピールしようとする行為です。

あなたが必死になっている時、それは他のことが一切目に入らなくて、まさに「必ず死ぬ」という方向に向かって、心と身体を酷使していることに他なりません。

あなたが懸命に努力している時、それはどこか力づくで「やらされている」という意識がある時です。努力という言葉は、「奴隷に力づくで、言うことを聞かせる」という意味が語源になっています。

一生懸命、仕事に取り組むことが悪いのではありません。それは素晴らしい行為です。

しかし、仕事とはいえ、必死になって頑張る必要はどこにもありません。

「ワクワクと一生懸命、取り組んでいるのか」、それとも「必死になって頑張っているのか」、その違いを見極めるポイントが、自分の意志で「立ち止まれる」かどうかです。それがどんなに良いことであったとしても、周囲のことが一切目に入らなくなるまで、ひとつのことに没頭してしまうのはバランスが崩れている証拠です。

自分の意志で「休む」「立ち止まれる」かどうかが、「ワクワク」と「必死」の違いであり、それはあなたの中の「余裕」のある・なしで分かれてしまうことになるのです。

「頑張ったり、必死に努力する」ことは、本来の自分とは違うものになろうとしているということです。そうやって、ピンと張り詰めた状態で頑張れば頑張るほど、「本当の自分」からはドンドン遠ざかっていくことになるのです。

あなたが「頑張っている」のか、「ワクワクと夢中になっている」のか、それは周りから見ただけではわかりません。でも、あなた自身にはすでにわかっているハズです。

もし、あなたが、「なんでこんなに頑張っているのに、うまくいかないんだろう……」「こんなに必死に努力しているのに、どうして私ばっかり……」と嘆いた経験があるとしたら、実はその**「頑張ったり、必死に努力すること」**こそ、**「宇宙からのギフトの受け取り拒否メ**

ッセージ」だったと知ることです。

あなたはどうして、そんなに仕事を頑張っているのでしょうか？

ひょっとして、「休む」のが怖いから……、立ち止まりたくないから……ではありませんか？ 自分の意志で立ち止まり、本当の自分と向き合ったり、自分の現在地を確認したり、「ひとりになる」ことを恐れているから、頑張っているのではありませんか？

「お金や出世や家族……のため」は、そこから目をそらすための言い訳になってはいませんか？ あなたが仕事を頑張る「本当の理由」とは何でしょう？

あなたはこの問いかけに、真剣に向き合うことができるでしょうか？

「自己」という投資先

今、この先行きが不透明な時代に確実な投資先などあるハズもありません。

社会全体の仕組みが大きく転換しているこの時期において、過去の経験や実績は、役に立つどころか、お荷物になる可能性の方が大きいのです。その中で「過去の成功体験」を元にした投資は、長い目で見てうまくいくハズがありません。

こうした厳しい状況の中で、最も安全、確実、高利回り？の投資先がひとつだけあります。そう、自分自身、「自己」という投資先です。ここへの「投資」に失敗はありません。

自分が「失敗」と決めつけたり、あきらめてしまわない限り、自分への投資は「失敗」して終わりということはありません。仮に想い通りに、うまくいかなかったとしても、「うまくいかなかった経験」という「リターン」を、確実に手にしていることに他なりません。

自分への投資……、つまり、自らを高めるために新しいことを勉強したり、技術や資格を身につけるために学んだりするのは、**生きていく上での「必要経費」**に他なりません。

ここを削ってしまうのは、人生そのもののクオリティが下がることを意味し、それは「幸せ」や「豊かさ」といった、人生で一番大事な部分の「質」が確実に低下してしまうことになるのです。とくに現代のように、不透明な時代だからこそ、いっそうこの部分に積極的に投資する必要があるのです。今の自分への投資を怠ることは、自らの可能性をすでに見限っているのと同じであり、「未来の自分」を否定していることに他なりません。

あなたの「未来」に対して、あなたが信じて積極的に投資せず、誰が投資してくれるというのでしょうか？

「休む」ことの、もうひとつの目的は、この「自分への投資」です。

「立ち止まり、自らの現在地を確認し、ひとりになる」ことによって、「今すべきこと」が明確になって来るハズです。そうして「今すべきこと」がはっきりとした上で、「今、目の前にあること」に懸命に取り組むと同時に、未来の自分に対して「投資」するのです。

そのために「休む」のであり、それが本来の「休日」の時間の使い方です。


最近は、不透明な世相を反映して、「資格ブーム」だといわれています。

「資格」を取得するために、学ぶことは素晴らしいことです。それも間違いなく、自分への投資に他なりませんが、ここでも問われるのは、その動機であり、目的です。

「今の会社がヤバそうだから、転職に有利になるように……」とか、「いつリストラされてもいいように、手に職をつけておこう……」というような、ネガティブな理由から「自分への投資」を始めてしまうと、結果的にやはりネガティブな現象を招くことになるので要注意です。

「こんな仕事がしてみたい……」とか、「独立して、自分の想うように存分に仕事をしてみたい……」とか、「私自身が、もっと自分らしく輝くために……」というような、ポジティブな理由から「自分への投資」を始めないと、やっぱりうまくいかないのです。

さらに、「資格」の場合は、「資格をとる」ことを目的にしないこと。「資格」は、ひとつの「道具（ツール）」に過ぎません。その資格を使って、何をしたいのか……。その「目的」が明確になっていないと、資格をとったとしても、それを活かすことはできません。

せっかくの資格を取得しても活かせない方の大半が、「資格をとる」ということ自体が、目的になってしまっているからです。これでは資格を取得しても、どうやって活かせば良いのか、わかるハズもありません。これでは単なる「資格コレクター」になるのがオチです。

「資格」の先にある目的を、キチンと見据えることが大切です。

そこがブレなければ、「資格」のある・なしは、実は二の次であることに気づくかもしれません。目的さえはっきりしていれば、「資格」にこだわる必要はありません。

結局、そうした**「学ぶための真の目的」や「自分へ投資することの本当の意味」を知ることが、「休む」ことの意味であり、目的**だと言えるかもしれません。

「休む」とは、ただボーッとしていることでも、快楽に逃避することでもありません。

「自らの内側に深く、静かに問いかけること」こそ、「息を休ませる」、つまり「休息」する、真の目的です。

「休みがある」「休める」ということは、とてもありがたい、恵まれた状況です。その状況に感謝して、ひとり静かに、自らの内側に問いかけてみませんか？


「私は何のために、仕事をしているのか？

私は何のために、生きているのか？

私はいったい、何者なのか？」

サイクル 8

受け取る

8：受け取る

「サイクル：8」は「充実」。

願望達成・実現のタイミング。9年サイクルの中で、最も現実的な形で成果を受け取ることができるラッキーな時期です。ここで「美味しい実」を収穫するために、今までの7年間は準備して来たと言っても過言ではありません。

樹木の成長に例えると、ズバリ「収穫」の時期。「結婚」「出産」「昇進」「栄転」「新築」など人生の大きなイベントが集中しやすい時期です。目に見える形で恩恵、ギフト、豊かさが降り注ぎやすく、今までの苦労が報われる、うれしい1年となるでしょう。ここは良い「流れ」を感じたら、躊躇せずアクセルを全開にして踏み込んで、一気に「流れ」に乗ること。失敗や傷つくことを恐れず、まずは一歩、踏み出す勇気を持つことが大切です。

「8」は「無限大（∞）」につながり、八方に大きく広がるエネルギーを持つ、パワフルな数字です。ここでは自らの可能性を制限せず、存分に受け取ることを自分に許しましょう。仕事面でも、最も成果を受け取りやすい時期だけに、ここでの遠慮や謙遜は必要ありません。

今まで投げかけて来たものが、返って来ているだけのことですから、あなたの元にやって来たものは感謝と共に受け取り、喜びと共に周囲と気持ち良く分かち合えば良いのです。それがさらなる「豊かさ」を引き寄せるカギになるでしょう。

「仕事」と「お金」「豊かさ」の関係

「豊かさ」の定義は、人それぞれです。

「お金」「地位や名声」「人間関係」「愛する人や家族」「自由な時間」など、「豊かさ」を象徴するものも人それぞれで、それぞれに優先順位が違うことでしょう。

しかし、これだけはっきりしています。「仕事」と「豊かさ」は密接な関係にあり、**本来すべての「仕事」は、「豊かさ」を生み出すことにつながっているのです。**

もし、あなたの「仕事」が、あなたの「豊かさ」に、さらにあなたの周りの人々の「豊かさ」に、そして地球上の生きとし生けるものの「豊かさ」に貢献していないとすれば、それは「仕事」そのものの在り方が間違っているということです。在り方が間違っている「仕事」を続けていては、あなたがどんなに一生懸命、それに取り組んでみても、本当の「豊かさ」に辿り着くことはありません。

まず、「仕事」を通じて、あなたが「豊か」になること。これが大事です。

「豊かさ」を測る指標は、もちろん「お金」だけではありません。しかし、この3次元においては、「お金」も大切な「豊かさ」のバロメーターです。

「お金」がなくても「豊か」に生きることはできますが、真に「豊か」な人が、「お金に困る」ことはありません。残念ながら、「お金に困っている人」は、「豊か」であるとは言えません。

同様に、「心の豊かさ」や「豊かな人間関係」「自由で豊かな時間」も、「豊かさ」における、欠かせない要素に他なりません。何かが「豊か」であっても、別の何かが「貧しい」とすれば、それは本当に「豊か」だとは言えません。

真の「豊かさ」とは、何かの犠牲の上に成り立つものではありません。何かの犠牲の上に成り立つ「豊かさ」は、単なるウソや誤魔化しに過ぎません。

まず、あなたのお仕事が、どんな「豊かさ」に貢献しているのかを見極めてみましょう。

そのお仕事から得られるお給料によって、あなたや家族の生活が成り立っているとすれば、少なくとも「お金」の面では、あなたの仕事は「豊かさ」に貢献しているといえます。

まずは、その事実を認め、今ある「豊かさ」に感謝する姿勢が大切です。その上で、「お金」以外の他の「豊かさ」を受け取るために、「豊かさ」のエネルギーをバランス良く拡大させていく必要があるのです。

どんな仕事であっても、あなたとかかわる人との間で、「豊かさ」のエネルギーを拡大させていくことは可能です。ちょっとした気遣いや笑顔、気配り、言葉遣いなどによって、人間関係の「豊かさ」を拡大していくのはそんなに難しいことではありません。

それによって、あなたは会社の中で評価され、「地位や名声」という新たな「豊かさ」を獲得するかもしれませんし、昇進によって、「お金」や「自由な時間」を手に入れ、さらに「愛する家族」を喜ばせることができるようになるかもしれません。

より「豊か」になることによって、社会的な影響力を持つようになれば、会社の方針に影響を与えることができるようになるかもしれませんし、新たな仕事を始めて、世界中の人々や地球環境のために、「豊かさ」のエネルギーをさらにスケール大きく、分かち合うことだってできるようになるかもしれません。

「豊かさ」のエネルギーはすべてつながっていて、途切れることはありません。
どの部分の「豊かさ」から始めても良いのです。今あなたがすでに持っている「豊かさ」に気づき、そこから始めることが大切です。

あなたがあらゆる面で、バランス良く「豊かさ」のエネルギーを拡大し、分かち合っていくことが、周りに……、世界に……、宇宙に対する、最大にして、最幸の貢献になるのです。

「仕事」と「恋愛」の関係

『3：生み出す』のところでも触れた通り、「誰と」仕事をするのかは、とても重要な要素です。誰かと一緒に仕事をすることによって、私たちは「作品」という名の「子供」を生み出しているのです。つまり、仕事上でつながった相手と、仕事という共同作業を通じて、行っていることは、エネルギー的に診れば、パートナーとセックスをして、子供を産み、育てていることと同じです。

実際に、「仕事」と「恋愛」で使うエネルギーはよく似ています。

昔から「英雄、色を好む」といわれますが、「恋愛」の中でもとくに、最初の出会いの時を彩る「恋」のエネルギーは、非常にエゴ的なエネルギーです。その「恋」のエネルギーと仕事における「目標を達成すること」や「競争相手に勝つこと」とは、エネルギーの種類が非常に似通っているのです。ですから、仕事を通じて、ライバル会社との競争に燃えていたり、自らの目標を達成しようと頑張っている時は、恋愛の初期に、「彼女（彼）を自分のものにしたい」「他の男（女）にとられたくない」と情熱的に燃え上がっているのと、同じような軽い興奮に包まれた精神状態にあると言えます。

仕事上で攻撃的なエネルギーの興奮状態にあると、周りの異性に対しても、同じような興奮状態のまま、接してしまうことになりがちです。まして、仕事を通じて、エネルギー的にはすでにセックスをしてしまっているような気心の知れた間柄なら、現実的に男女の仲になってしまうのも、当然の成り行きと言えるかもしれません。

実際、「不倫」関係になるのは、「職場の3メートル以内の間柄」といわれるのは、こうしたエネルギー的なメカニズムが働いているからに他なりません。

もちろん、「不倫」が絶対的に悪いワケではありません。

宇宙には、「結婚」が良くて、「不倫」が悪いという物差しは存在しません。問題は私たちの感情なのです。

「恋をする」「人を好きになる」ということは素晴らしいことで、これはまぎれもなく、「豊かさ」のひとつに他なりません。それを否定することは、「豊かさ」を否定することにつながってしまうので、とてももったいないと想いますし、そのエネルギーを無理矢理、封じ込めてしまうのは、結局仕事にも悪影響を及ぼし、「豊かさ」のエネルギーを縮小させてしまうことになるでしょう。

では、「好き」になったら、不倫関係など気にせず、ドンドン突き進めば良いのか……と問われれば、そうでもありません。**不倫関係の一番の問題は「隠していること」**だと私は想います。

「隠す」とエネルギーが漏れます。

エネルギーが漏れると、当然のことながら、効率が悪くなります。つまり、たくさんエネルギーを注いだにもかかわらず、受け取る成果が小さくなるのです。宇宙はとても気前の良いシステムでできていて、「豊かさ」のエネルギーをポジティブな方向性に気前良く分かち合えば、何倍にもエネルギーが増幅されて、返って来る仕組みになっています。

しかし、そこに「隠し事」が入ってしまうと、エネルギーが漏れてしまって、出したエネルギーが増幅されるどころか、縮小されて戻って来ることになってしまいます。これではいくらエネルギーを注ぎ込んでも、やればやるほど受け取るエネルギーが少なくなるので、長く続けられるハズがありません。

現実的にも、関係を隠そうとすれば、いろいろな場面で余計な気を使わなくてはなりません。気はエネルギーそのものですから、そうやって「隠す」ことにエネルギーを使っている限り、気持ち良く、想い切って恋愛を楽しめるハズもありませんし、仕事だってうまくいくことはないのです。隠し事のある関係は長い目で見れば、エネルギーが消耗して、ヘトヘトになるだけで、それでは本当の「豊かさ」を受け取ることはできません。

実はこの不倫関係で言えることは、仕事でもまったく同じ。

あなたの仕事の中に「隠し事」が多ければ多いほど、エネルギーが漏れているということです。あなたしか知らない……、あなたと上司しか知らない……、あなたの部署しか知らない……、あなたの会社の外部の人間や取引先は知らない……、会社が属する業界以外の人間やお客さんは知らない……。そういう外部の人が知らないことや、外の人に知られてはマズイ「隠し事」が多いほど、長い目で見ると、うまくいきません。本当に長く続けようと想うのなら、「隠し事」はなくすことです。

あなたはあなたの仕事の中味を自信を持って、家族に伝えることができるでしょうか？

すべてを包み隠さず、愛する人に素直に打ち明けることはできますか？

もし、それができないとしたら……。あなたはすでに会社と不倫関係に陥っているということです。残念ながら、その状態では、本当の「豊かさ」を手にすることはできません。

「与えたもの」「投げかけたもの」が、「受け取るもの」

「豊かさ」を語る上で、外せない宇宙の法則が、この「投げかけたものが、受け取るもの」という法則です。**「投げかけなければ、受け取れない。受け取ろうと想えば、自分から先に欲しいものを投げかけること」**という真理を、この法則は伝えてくれています。

これをビジネスの視点から、少し考えてみましょう。

たとえば、ミュージシャンが自分の好きな曲を作って、その歌を好きなように楽しく歌うというエネルギーを先に「投げかけた」とします。それがステキな曲であり、心地良い歌声なら、それにふさわしいエネルギーが必ず返って来ます。それは賞賛の声や感動の拍手というエネルギーかもしれません。もちろん、それだけでも十分に「豊か」なことですが、仕事・ビジネスの視点から見ると、もうひと工夫が必要です。

「あなたが受け取る豊かさの報酬」＝「あなたが投げかけた豊かさのエネルギー」

×

「そのエネルギーによって影響を受けた人の数×影響度の大きさ・深さ」

……という方程式が成り立ちます。これは言い換えれば、「多くの人により大きな感動や豊かさのエネルギーを投げかけた人ほど、受け取る豊かさの報酬が大きくなる」ということであり、「多くの人に与えた『豊かさ』のエネルギーの総和が、自分が受け取る『豊かさ』のエネルギーと等しくなる」ということです。

つまり、いくらいい曲を作って、歌っても、それを「増幅させる仕組み」がなければ、「出したエネルギー」と「受け取るエネルギー」が等価交換されてしまうだけで、大きく膨らませるのは難しいということです。

このエネルギーを「増幅させる仕組み」こそ、ビジネスそのものです。

ミュージシャンの場合で言えば、どんなに素晴らしい曲を作って歌ったとしても、誰も居ない森の中で歌っていては、経済的な「豊かさ」につながることはありません。同じ歌を歌ったとしても、それをCDなどの形にして、多くの人に届け、より多くの人に対して、感動や豊かさを先に与えないと、「お金」という「豊かさ」のエネルギーが大きく膨らんで返って来ることはないのです。

ミュージシャンとしては、自分の好きな曲を作って、その歌を好きなように楽しく歌うという行為はまったく同じなのですが、そこに「ビジネス」という仕組みを入れるかどうかによって、返って来る「エネルギー」の大きさはまるで違うものになってしまいます。ただし、これは地球上のルールであって、宇宙には「お金」のエネルギーが拡大することがいいとか悪いとか、より価値があるとかないとか、そういう視点は存在していません。良い悪いは関係なく、地球上では「ビジネス」や「お金」は、「エネルギーの増幅器」、テコのような役割を担っているというのが事実なのです。

先ほどのミュージシャンや芸能人、プロスポーツ選手、人気漫画家、ベストセラー作家などは、この方程式が当てはまっていると、わかりやすい事例だと言えるでしょう。優秀な経営者や敏腕営業マンもしかりです。つまり、現実的、3次元的に「豊か」になりたければ、「ビジネス」や「お金」という「テコ・増幅器」をうまく活用する必要があると言えるでしょう。

しかし、ここで気をつけておかないといけないことは、「ビジネス」や「お金」という「テコ・増幅器」を使うのは構いませんが、それをネガティブな意識で利用すれば、ネガティブなエネルギーもとんでもない勢いで、大きく増幅されて返って来るということです。

「ビジネス」や「お金」は純粋な「増幅器」ですから、それ自体に「良い・悪い」はありません。それをどう使うのかは、すべて私たちの手にゆだねられているのです。

「豊かさ」のタネを効率良く、膨らませたいと想うのなら、まずは目の前の「仕事」や「ビジネス」に一生懸命、取り組むことです。あなたが「仕事」や「ビジネス」を通じて、多くの人に「喜び」や「感動」など、「豊かさの種」を投げかければ投げかけるほど、あなたの元には、その何倍、何十倍もの、「豊かさ」が返って来ることになるのです。

サイクル 8

真の「成功」の定義とは……

一般的な「成功」の定義は、「想い描いていた計画などがうまくいき、目標や願望が達成できた状態。社会的に一定以上の地位や資産を手に入れた状態」だといわれています。

確かにその状態を手に入れることは、「目に見える世界」、物理的な世界の価値観で見れば、十分、「成功」に値することでしょう。しかし、それが本当の「成功」かと問われれば、「成功」の半分にしか過ぎないと、私は想います。

この世界を構成する要素の残り半分……、「目に見えない世界」での「成功」も手に入れなければ、真の「成功」とは言えません。

「目に見えない世界」での「成功」とは、「愛し、愛されるベストパートナーや家族の存在」「愛に溢れた、良好な人間関係」「常に満たされた幸せ感や豊かさ感」「情熱を傾けられる天職と呼べる仕事を持っていること」「社会的に見て、他人に喜ばれる存在になっていること」「自らの覚醒や気づきの深さ」などが挙げられるでしょう。

もちろん、これ以外にも、「目に見えない世界」での「成功」の定義は、他にもいろいろ考えられるでしょうし、人の数だけ、さまざまな「成功」の定義が存在するかもしれません。
しかし、本当の「成功者」に共通しているのは「今、ここで幸せで在る」ということです。

誤解を恐れず言えば、「成功者」に「なる」ことはできません。
「成功」という漢字は、「功」が「成る」と書きます。つまり、「うまくいく」「想い通りになる」ということを「成功」と定義しているワケですが、それを「成功」と定義している限り、いつまで経っても、本当に「成功」することはありません。

「うまくいく」という状態を望むためには、その前に必ず「うまくいかない」状態がなければなりません。今、完璧に「うまくいっている状態」の人が、「成功しよう」と想うでしょうか？　残念ながら、「成功しよう」と想っている時点で、「今、成功していない」ということを認めてしまっているのです。「今はダメだけど、未来のためにがんばる」という生き方では、残念ながら、どこまで行っても、本当の「成功」に辿り着くことはありません。

本当に成功して、幸せに、豊かに生きたいのなら、「今ここ」で、成功し、幸せになり、豊かになるしかありません。**「功」が「成る」のではなく、「功」で「在る」**。

つまり、本来は「成功」ではなく「在功」であり、「成幸」ではなく「在幸」なのです。

この違いをはっきりと認識していないと、どんなに頑張ってみても、どんなに多くのモノを手に入れても、どんなに遠くへ行ってみたとしても、本当に幸せになることも豊かになることも、成功することもできません。成功も、幸せも、豊かさも、手に入れるものではありません。ただ、自分の内側に元々、備わっていたことに気づくだけです。

「幸せに成る」のではなく、「幸せで在る」のです。

「豊かに成る」のではなく、「今ここ」が「豊かで在る」と気づくだけです。

「豊かさを手に入れよう」とするのではなく、すでに手にしていた豊かさに気づき、本当の豊かさを想い出すだけで、良いのです。

これからの経営者は、**「スピリチュアルの専門家」**であるべきだと、私は想っています。

もちろん、それは霊的な能力があるとか、ないとか、そんなことを言っているワケではありません。スピリチュアルという言葉の意味なんて、知らなくても一向に、構いません。もちろん宗教を信じる、信じないというレベルの話でもありません。

「スピリチュアルの専門家」とは、**「最も根源的な『問い』を発し続けられる人のこと」**だと、私は想います。

「生きるとは？」「命とは？」「あの世とは？」「宇宙とは？」「愛とは？」「自由とは？」「成功とは？」「幸せとは？」「豊かさとは？」「私たちはどこから来て、どこへ行くのか？」「私たちの本質とは何か？」「仕事の真の目的とは？」

こういう「答え」の出ない根源的な「問い」を自らに発し続けられる人が、「スピリチュアルの専門家」であり、「スピリチュアルに生きる人」だと、私は想っています。

今は、少なくとも1000年単位での大転換の時代です。こうした激動の時代に、そういう根源的な「問い」を持たずに生きていると、本当に苦しく、生き難くなるのは避けられません。

自分なりの「成功」や「幸せ」「豊かさ」の定義を持っていないと、本当にどうしていいのか、わからなくなって、混乱してしまうことは必至です。

経営者が混乱すれば、会社の経営も混乱し、社員や取引先も混乱するのは当然です。

だからこそ、経営者は常に、そうした根源的な「問い」を発し続け、自分なりの「答え」を常に模索し、「成功」や「幸せ」「豊かさ」について、自分なりの哲学を持つ必要があると想うのです。

あなたがもし、経営者なら、ぜひ、こうした根源的な「問い」を自らに投げかけてみてください。はっきりとした「答え」が出なくても構いませんが、その「答え」が、どんな方向性を向いているのかが、とても大切です。

あなたがお勤めをされているのなら、あなた自身の内側に問いかけてみるのと同時に、ぜひ機会があれば、トップの方に、こうした根源的な「問い」を投げかけてみてください。その「答え」の「向き」がわかれば、あなたの勤めている会社が、これからどうなるのかはおおむね、予想はつくハズです。

根源的な「問い」を自らに問い続けること。

それが、あなたが本当に「豊か」に生きるための、大きなヒントになることでしょう。

「豊かさ」のエネルギーを増幅させるコツ

「豊かさ」について、「投げかけたものが、受け取るもの」とは別の法則があります。

「受け取れば、受け取るほど、エネルギーは増えていく」という法則です。

なんだか、とても虫の良い話に聞こえるかもしれませんが、これもまぎれもない、「宇宙の法則」に他なりません。

私たち日本人にとって、「謙遜」や「遠慮」というのは、ひとつの文化になっています。うれしい時、派手なアクションをつけて大袈裟に喜ぶことは、「はしたない」行為であり、周囲に対して気配りがないこととして、抑えつけられて来ました。

確かに周囲に配慮することも大切ですが、ことエネルギーレベルで診ると、この「喜び」のエネルギーを素直に表現しないことほど、もったいないことはありません。

例えて言うなら、大好きなお菓子をもらった子供が、「もうひとつあげようか?」と聞かれているのに、「ううん、もういらない。好きじゃないから」と言って、お菓子をもらうのを断っているようなものです。もちろん、本当にそのお菓子がいらないのなら、それでいいのですが、本当は、のどから手が出るほど欲しいのに、「いらない」と言ってしまう……。

これは、あなたが**「エネルギーの受け取り拒否」**をしているということに他なりません。あなたの目の前にやって来ているエネルギー(=報酬・ギフト)は、元々、あなたが先に投げかけたものであり、そのエネルギーがあなたのもとに返って来ているだけなのに、「受け取り拒否」をしてしまうと、どうなるのか……。

それでも「宇宙」は律儀ですから、あなたが出したエネルギーに見合うエネルギーはキチンと返してくれます。ただし、あなたが最初に「受け取り拒否」してしまっているので、それはもう、あなたにとって最もうれしい種類のエネルギーではなくなっているかもしれません。これは実に、もったいない。

宇宙はせっかく、あなたの一番、欲しいもの、最も喜ぶものをギフトとして、目の前に提示してくれているのに、それを受け取らないなんて……。これでは、せっかくのエネルギーがしぼんでしまうのも無理はありません。

豊かな人生を送るためには、「喜びや豊かさのエネルギーを先に投げかける」のと同じくらい、ひょっとするとそれ以上に、この「受け取る」という能力が、重要になって来ます。

「受け取る」時に、大切なポイントは、「素直に受け取る」「無邪気に喜ぶ」「気前良く、分かち合う」の3つです。

何かうれしいこと、楽しいこと、ありがたいことがあったら、できるだけ大袈裟に「喜び」

を表現することが何より大切です。仕事上の成果が挙がったり、上司に褒められたら、「ハイ！　ありがとうございます。とってもうれしいです！」と言って、笑顔で素直に喜びを表現し、部下や同僚に「やったぁー！　うれしい！　みんな、ありがとうね」と、あなたの「喜び」のエネルギーを周囲と分かち合うのです。

あなたのもとにやって来た「喜び」のエネルギーは、あなただけのものではありません。あなたが素直に喜びを分かち合えば、その「喜び」が周囲に伝わり、周囲の「喜び」をくっつけて大きくなって、またあなたの元へと還って来るのです。あなたが撒いた「喜びの種」は、やがて大きな実を実らせ、あなたの元に還って来るという仕組みです。

誰かのため、相手のために「喜び」の種を撒くのではありません。

それは結局、自分のためなのです。

つまり、ここでも「投げかけたものが受け取るもの」という法則が通用し、さらにそのエネルギーを増幅するために、「受け取れば受け取るほど、エネルギーは増えていく」という法則を活用すれば、良いのです。

とにかく、身の回りでうれしいこと、楽しいこと、ありがたいこと、奇跡的なことが起こったら、「謙遜」や「遠慮」は忘れてしまいましょう。
受け取ったもの、それが「お金」であろうが、モノであろうが、愛情や賞賛、感謝といったカタチのないものであれ、「エネルギー」であることに変わりはありません。

あなたのもとにやって来た「エネルギー」は、もともと、あなたが出したものなのです。それが忘れた頃に戻って来ているだけのことですから、やって来たものに対しては、遠慮せず、喜びと共に受け取れば良いのです。子供のように「素直に受け取り」、そして「無邪気に喜ぶ」。さらに周囲と「気前良く、分かち合う」。ただ、それだけです。
これによって、「喜び」や「豊かさ」のエネルギーがさらに増幅することになるのです。

ビジネスやお金は「エネルギーの増幅器」だと書きましたが、本来のビジネスやお金の在り方は、こうした「喜び」や「豊かさ」などのポジティブなエネルギーを増幅させるために生み出された仕組みだと、私は確信しています。

サイクル 9

手放す

9：手放す

「サイクル：９」は「完結」。

９年周期の終わり・フィニッシュ・仕上げの時です。今までの９年周期の総決算であり、新たな方向性を探るための準備段階に当たります。これまでの９年間にやって来たことを振り返り、整理しながら、形に残していきましょう。さらにここで、ひと区切りをつけ、今まで持っていたものをいったん、手放す時期でもあります。

樹木の成長に例えると、「土に返す」時期。この９年周期での「収穫」はすでに終えたので、すべてを土に返すようなつもりで、持っているものを手放す勇気が必要になる時期です。せっかく、ここまで培って来たものを手放すのは惜しい気がしますが、最初から「残すもの」を決めておくのではなく、いったんすべてを手放すことができれば、「残るべきもの」は自然と決まって来ることでしょう。

「９」は、知恵の象徴であり、「賢人・長老」を表す数字です。ひとつの仕事を９年、続けることができれば、その経験やノウハウは、有形・無形の知恵が財産となり、あなたの中にはしっかりと根づいているハズです。そこを信頼すれば、恐れることは何もありません。

新たな周期のスタートに当たって、不要なモノを持っていても邪魔になるだけ……。気持ち良くスタートを切るために、できるだけ身軽にしておくことをオススメします。

「結果」を手放す

ある程度、同じ仕事を続けていると、当然のように「結果」を求められることになります。勤めている場合は、会社や上司から、実績などに応じて、「予算」という目標やノルマを与えられることになるでしょう。

もちろん、仕事の目的のひとつは「予測した成果」を手にすることにあるのですから、当然といえば当然ですが、「結果」を出すことだけが仕事の目的ではありません。

厳密に言えば、仕事において、「結果」はありません。

ひとつの「結果」は、次の「始まり」につながっています。すべては「プロセス」の一環であり、永遠に続く「プロセス」の一部を切り取った姿を、私たちは「結果」という名で呼んでいるだけに過ぎません。もちろん、人生においても、それは同じです。

ですから、「結果」を気にし過ぎる必要はありません。

「結果」とは、「予測通りになったか、ならなかったのか」を測るための、ひとつの指標に過ぎません。さらに「予測通りになった」とすれば、それは素直に喜べば良いと想いますが、「予測通りにならなかった」としても、それが悪いワケでも、間違っているワケでもありません。一般的にビジネスにおいては、「予測通りにならなかった」ことは、「価値がない」と評価される傾向にありますが、ある特定の期間に「予測通りの成果が出なかった」からと言って、それが本当に「価値がない」と判断できるものではありません。

仕事は「ブツ切り」の状態で、別々に存在しているワケではなく、連続しています。ひとつの仕事において、「予測通りの成果が出なかった」としても、その仕事が失敗だとか、価値がなかったと早計に判断することはできません。仕事が連続して続いている限り、一時の状態だけで、そう簡単に「成功」や「失敗」を判断することはできないのです。ひとつの「失敗」が後々の、大きな「成功」につながっているケースは、珍しいことではありません。いえ、むしろ、「成功」したプロジェクトの前半部分は、ほとんど「失敗」なのです。その時点で予測した「結果」が出ていないから、価値がないと判断して、やめてしまっていたら、その後の大きな成果を手にすることはできていません。それが事実です。

私たちは予算やノルマ達成のために仕事をしているのではありません。

数値目標も、ひとつの指標として採用するのも構いませんが、それが仕事の目的になっているとしたら、本末転倒ではないでしょうか？　私たちは、より豊かに、より幸せになるために……、自分らしさを表現し、周囲と喜びを分かち合うために、仕事をしているのです。

仕事は、その目的を達成するための「道具（ツール）」であり、人が仕事という「道具（ツール）」に支配されたり、「道具（ツール）」の犠牲になる仕組みはおかしいのです。

「そんなゆるいことを言っていては、経営が成り立たない。会社が存続できない」というご指摘もあるかもしれませんが、そこで働いている人が幸せになれないような会社が、社会的に存続する意味があるのでしょうか？　社員が幸せを実感できないような会社が、取引先を幸せにすることはできませんし、お客様の幸せに貢献することもあり得ません。

予算やノルマが、自分たちの「幸せのコスト」につながるものだと腑に落ちれば、誰だって、一生懸命、働くのではないでしょうか？　みんなが喜びと共に自主的に働けば、あえてノルマや予算を提示する必要もありませんし、「結果」を気にする必要もなくなります。

「結果」を気にしなくなった時、勝手に「結果」が出るのです。

「結果」は無理矢理「出す」ものではなく、自然に「出る」ものです。

「結果」を手放した時、「結果」が向こうからやって来るのです。

ひとつの「結果」が、次の「原因」となるのですから、「幸せ」から生まれた「結果」は、必ず、次の「幸せ」を生み出す「原因」となってくれるハズです。

そうした「幸せ」のエネルギー循環を続けていけば良いのです。


単なる理想論のように聞こえるかもしれませんが、これが21世紀の新しいビジネスモデルであり、本来の仕事の目的に近づいているプロセスだと、私は想っています。

まだ少ないながら、このモデルで経営が成り立っている企業も実在しています。

もう、「結果」のみを追い求め、予算やノルマで支配するビジネスモデルが通用する時代ではありません。それでも、あなたはまだ「結果」にこだわるつもりでしょうか？

「まかせる」「ゆだねる」「ゆずる」

自分が携わっている仕事の成熟度を測る「物差し」があります。

それは、自分自身の成熟度、成長の度合いを知る手がかりにもなる「物差し」です。

仕事の成熟度や自らの成長の度合いを測る「物差し」とは……、「あなたの周りの人が、どれだけ成長したか」です。

あなた自身が成長するのはもちろんですが、あなただけが成長しているようでは、あなたの成長は「ひとりよがり」に「エゴ」が拡大しているだけかもしれません。あなたの周りに居る人は、あなたの鏡です。あなたが本当に心身共に成長しているのなら、あなたの周りに居る人も、間違いなく成長しているハズです。

成長するということは、「自分でできるようになる」ということです。たくさんのことが「自分でできるようになる」ことを「自立」と呼ぶのです。あなたがキチンと「自立」すればするほど、周りの人も自然に「自立」していくことになるのです。

もし、あなたがひとりで頑張っているように感じているとしたら……、「部下が育たない……」、「周りは頼りないヤツばかり……」、「安心して仕事をまかすことができない……」などと嘆いているとしたら、それは「周り」の問題ではなく、「あなた自身」の問題かもしれません。あなたは「私は自立しているから、問題ない」と想っているかもしれませんが、あなたが本当に自立していれば、周りも勝手に自立していくことになるのです。

あなたの周りに居る人を見れば、あなたの現在地がわかります。

サイクル 9

あなたの周りの人こそ、あなたの成長度合いを測る**「高性能の物差し」**に他なりません。

あなたが本当に成長しようと想っているのなら、周りの人の成長を促すことです。


周りの成長を促すためには、**「まかせる」「ゆだねる」「ゆずる」の3ステップ**が有効です。仕事ほど、相手の成長を促すチャンスに恵まれていることはありません。仕事を通して、このステップを相手と共有し、相手がバランス良く自立できた時、あなたはさらに大きく成長することができるのです。


仕事において、まずは相手に「まかせてみる」こと。

「まかせる」とは、信頼することです。しかし、相手を信頼するのではありません。その相手に任せた自分自身の判断を信頼するのです。あなたは自分を信頼すれば良いのです。あなたがあなたを信頼しないで、誰があなたのことを信頼できるというのでしょう。

相手を信頼しようとするから、迷いや不安が出て来るのです。相手は、自分とは違うので、当然です。無理に相手を信頼しようとすると、「期待」になります。「期待」は必ず裏切られることになるのは、先述の通りです。

相手にまかせたら、次は「ゆだねて」ください。「ゆだねる」とは関心を持って、見つめつつも、「結果」は求めない「結果」に良い、悪いをつけないということです。そもそも「結果」はありませんから、まかせた時点で、「結果」は手放しているのです。

言い方を換えれば、黙って見守っているだけで、相手をコントロールしようとしないこと。相手よりも、相手のことをあなたが信頼し、さらにそんな自分を信じることです。本当に自分が想い通りにやりたければ、自分ひとりでやるしかないのです。相手にいったんまかせたのですから、もう相手に「ゆだねる」しかありません。

そして、ゆだねたら、最後は「ゆずって」ください。「ゆずる」とは、もう完全に手放した状態です。もうそれは……、その場所は、あなたのものではないということです。

そうやって、あなたが自分の仕事やポジションを「ゆずる」ことによって、相手は成長し、やがて自立していくのです。あなたは自分の居場所がなくなったようで、不安を感じるかもしれませんが、手放せば、必ず新しいものが入って来ます。あなたが両手いっぱいに荷物を抱えている状態では、どんなにいいもの、どんな新しいものが、あなたの元に降り注いで来たとしても、受け取ることはできません。新しいものを受け取るためには、今、持っているものを先に手放す必要があるのです。手放すのが先。受け取るのは後です。

「まかせる」「ゆだねる」「ゆずる」は、相手のためにやっているようですが、結局はこれも自分のためです。相手が成長すれば、必ずあなたも成長しています。相手が自立すれば、あなたもさらにバランス良く自立することができるようになっているのです。

「相手」＝「あなた」です。ですから、安心して、手放してください。すべてを手放したって、あなた自身がなくなることはありませんから……。

「所有」というエネルギーを解放する

いきなり、言い切ってしまいますが、スピリチュアル的に診れば、「私のもの」など、何ひとつありません。「私のものだ」と想っているものは、大いなる勘違いに過ぎません。

「私の携帯」「私の服」「私の車」「私の家」「私の仕事」「私のお金」「私の家族」「私の身体」「私の命」……。

みんな「私のもの」だと想っていますが、残念ながら、それは「私のもの」ではありません。「私がお金を出して買ったものだから、私のものだ」と言いたい気持ちはわかりますが、その「お金」は誰が作ったものでしょうか？　あなたが「お金」そのものを印刷したワケではないでしょうし、そもそも「お金」という仕組みを作ったのは誰かさえ、よくわかっていません。本当に「私のもの」を主張するのなら、少なくとも自分がイチから創り上げたものを「私のもの」と主張すべきでしょう。

しかし、あなたがイチから創ったものなど本当にこの世に存在すると思いますか？　絵描きさんなら、「この絵は私がイチから書いた、私のものだ」と主張するかもしれませんが、では絵の具や筆も、イチから作ったのでしょうか？　絵を描く紙やキャンバスも自分の手で作り上げたものでしょうか？　もっと言えば、紙の原材料となる植物は誰が育てたのでしょうか？　その植物自体を生み出したのは誰でしょう。

私たちは「ここは私の土地」だと当然のように主張しますが、もともと土地は誰のものでもありません。最初から、そこにあったのです。草も木も水も、そこにあったものを私たちが勝手に利用しているだけです。すべての材料を用意してくれたのは、地球であり、その地球を生み出したのは、宇宙であり、「大いなる存在」です。

このように突き詰めていくと、私たちに根本的な「所有権」がないのは明白です。

私たちが「所有」していると想っているものは、宇宙から「使用する権利」を与えてもら

っているだけのことです。


仕事上でも、「私の仕事」は成り立ちません。

私が仕事を「所有」することはできません。仕事は「道具（ツール）」ですから、それを使って、何を生み出すのかが大切で、仕事自体を「所有」することに意味はありません。

そもそも**すべての仕事は、「翻訳作業」であり、「編集・加工作業」だ**と、私は想っています。すべての「所有権」は、宇宙に、「大いなる存在」にあるのです。

もともとの原材料、空気や太陽の光、水や土地、植物や動物、そして言葉やアイディアなども、すべては宇宙からの借り物に過ぎません。宇宙が用意してくれた原材料をお借りして、私たちは編集したり、加工したり、翻訳しているだけに過ぎません。それが仕事という作業の本質だと、私は想います。


もちろん、いきなり「すべては宇宙のもの……」というようなことを言い出して、「所有」の概念を放棄してしまうのも行き過ぎで、それでは現代社会を生きていくことも難しくなるでしょうが、自らの「所有」の概念を疑ってみるのは大切な視点だと想います。

私たちは生まれて来る時も何も持たず裸のまま……、亡くなる時も、あの世に持っていけるものなど、何もありません。私たちが「所有」していると想い込んでいるもののほとんどは、単なる想い込み、妄想の類に過ぎないのかもしれません。

想像してみてください。この「所有」の概念を手放すことができれば、私たちはどんなに自由で、解放されるのか……を。いきなりすべての「所有」を手放すのは難しいかもしれませんし、現実的ではありませんが、こうした「所有」の概念を手放したり、拡大解釈してみるのに、仕事の現場はとても良いトレーニングの場になると想います。


仕事において、「抱え込む」ことのメリットはほとんどありません。

あなたが仕事をひとりで所有していると、エネルギーが滞るだけです。

あなたしかできない……、あなたにしかわからない……そんな仕事は、あなたのエゴが自分の特別意識を満足させるために抱え込んでいるだけに過ぎません。あなたがあなたのやり方に固執しているだけで、もっと違うやり方、アプローチは無限にあるのかもしれません。

あなたが「所有」しているものを手放せば、あなたが一番、楽に自由になり、解放され、癒されることになるのです。

些細なこと、小さなことからでも良いので、「所有」しているものを手放してみましょう。

最初は、カタチある「モノ」から始めることがポイントです。具体的に「片付ける」「整理する」「掃除する」「捨てる」「処分する」こと。オフィスの机の中にしまい込んである「いらないモノ」「使えないモノ」「古い書類」から、パソコンの中の重たいデータなどもドンドン処分してみましょう。「迷ったら、迷わず捨てる！」こと……(笑)。

モノや情報、データもすべてはエネルギーですから、不要なエネルギーを手放すことで、あなたは確実に明るく、軽くなるのです。

あなたが持っている情報やアイディアも手放し、ドンドン公開することです。

もう隠している時代ではありません。「隠す」と「固く」なります。「所有する」と「抱え込み」、「重たくなる」のです。たくさん「所有」している人は、「重たい人」です。

そうしたネガティブなエネルギーを手放せば、手放すほど、あなたの元には、より明るく、軽い新たなエネルギーが勝手に引き寄せられて来ることになるのです。

「成功」を手放すと「成幸」が加速する

「成功のヒケツは何ですか?」と質問されたら、私はきっとこう答えることでしょう。

「成功しようと想わないこと。成功をいったん、手放すこと……」と。


なんだか禅問答のようですが、これは真理だと、私は想っています。

本当に「成功したい」と想っているのなら、「成功しよう」と想わないことです。

「成功しよう」=「まだ成功していない」=「もっと頑張らないと……」「今のままじゃダメだ」という図式が成り立ちます。この「成功していない」や「今のままじゃダメだ」という想いからスタートすると、結局、「成功していない」や「今のままじゃダメだ」というネガティブな現象が引き寄せられることになるだけです。


では、「成功しよう」と想わなければいいのか……と聞かれると、それもちょっと違います。

「成功しよう」と想わない限り、「成功」に辿り着くことはありません。最初に、「成功」という目的地を決め、そこに矢印の向きを設定することは大切です。

その場合、「成功したい」ではなく、「成功する」と決めることです。そして、いったん、「成功する」と決めたら、あとは忘れてしまうこと。そのことをいつもいつも強く願い、アリアリとビジョンを描いて、成功を引き寄せるという方法は、私的には不採用です（笑）。

もちろん、それもひとつの方法であり、間違っているワケではありませんが、「そのことをいつもいつも強く願い、アリアリとビジョンを描いて、成功を引き寄せる」という方法はあまり万人向きではありません。それができれば、確かに成功が引き寄せられるでしょうが、それができないから、多くの人は悩んでいるのではないでしょうか？

私のオススメする方法は、「成功をいったん、手放すこと」です。

「成功」という目的地を決めて、一度「成功する」と強く決めたら、あとは忘れて、目の前のことを楽しめば良いのです。そして、「今の成功」を楽しむことです。「今のままじゃダメだ」と、今の自分にダメ出ししている限り、「未来の成功」に向かって、発進することができない状態を自分で作ってしまうことになるので、要注意です。

「今もそれなりに成功して、楽しいけど、もっと違う成功も味わってみたいな〜。そうなったら、うれしいけど、そうならなくても、今もやっぱり楽しいな〜」という感じです。

この**「成功をゆるやかに握っている感じ」**がポイントです。

「成功を手放す」といっても、「成功」のことを完全に消去してしまうワケではありません。しかし、「成功」をガッチリ握っていては、いつまで経っても、新たな「成功」に辿り着くこともできません。手の平を開いて、そこに「成功」という名のボールを乗せて、転がしているようなイメージです。そうやって、手の平の上で、コロコロ転がるボールを楽しく見つめていると、そのボールがいつの間にか、大きくなったり、形を変えたり、変化していくことになります。そして、気がつくと、最初にあなたがイメージした「成功」の形に、いつの間にか自然になっているという感じです。

「何が何でも……」という強い執着もありませんし、常にイメージし続ける必要もありません。最初のイメージが強くはっきりしていれば、完全に忘れてしまっても構いませんが、普段は忘れていても、ときどき手の平の上のボールの変化をのぞき込む方が途中経過もわかって、楽しいのでオススメです。

この感じがうまくできるようになると、「成功」が加速します。

さらに「成功」が、「成幸」になり、「今の幸せ」をしっかり味わいながら、さらに別のバージョンの「成幸」も存分に味わうことができるようになります。

「成功してもしなくても、どっちでもいいや～」と「成功」を手放し、「成功」という執着から解放された時、本当の「成幸」がスタートするのです。

「オセロゲーム」人生論

私たちの人生は「オセロゲーム」のような仕組みで成り立っています。

例えるなら、白が人生の上で起こるポジティブな出来事、黒がネガティブな出来事だと言えるでしょうか。

あなたの人生というゲームの盤面では、現在、白と黒、どちらの方が優勢でしょうか？ ちょっとイメージしてみてください。

どちらかに極端に偏っている場合もあるでしょうが、大体は白黒が交互に置かれ、まだら模様になっているのではないでしょうか？ しかし現在は、まだ「人生オセロ」というゲームの途中です。その状況で、白と黒の数を数えて一喜一憂しても仕方ありません。それよりも大切なことは次の一手をどこにどう置くのかということです。

それがこの9年周期の「完結」のタイミングに当たる、『9：手放す』の時期には、とくに大事な視点になります。

もし、あなたが今ここで、白い「ポジティブ」なコマを置いたとしたら、盤面はどう変化すると想いますか？

9年周期という単位で考えた場合、『1：始める』のところで、何色のコマを置いたのかによって、その変化の中味が変わって来ます。ここで9年周期の最初のスタート時点に、何色のコマを置いたのかが、大きなカギを握ることになるのです。

最初のスタート時において、ネガティブな方向性から始めたことは、やはり9年後のここに来ても、しっかり黒い「ネガティブなコマ」として生きていて、ここで白い「ポジティブなコマ」を置いても、この9年間がすべて白に変わることはありません。

逆に、最初の『1：始める』のところで、しっかりと白い「ポジティブなコマ」を置いておいた人は、途中がどんなに黒い「ネガティブなコマ」だらけだったとしても、「1」と「9」の白いコマに挟まれて、すべてのコマがたちまち白い「ポジティブなコマ」にひっくり返ることになるのです。「終わり良ければ、すべて良し」ではありませんが、それだけ、この「最初」と「最後」は大切な時期だということは言えるでしょう。

スタート時の方向性は、できるだけシンプルな理由で、ポジティブな想いを自分から先に投げかけ、始めてみることです。

フィニッシュの時は、それまでのプロセスを静かに振り返り、ポジティブなことには謙虚に感謝し、ネガティブなことは受け容れて、許しを与え、共に手放していくのです。

それが「人生オセロ」において、「白いコマ」を置くということにつながり、最初と最後の「輪」がつながった時、このゲームが完結することになるのです。

実は、9年周期のスタート時点、『1：始める』のところで、黒い「ネガティブなコマ」を置いてしまったとしても、あまり心配する必要はありません。もちろん、これからは『1：始める』の時期には、少し意識した方が良いと思いますが、過ぎたことを悔やんでも仕方ありませんし、もっと大きな視点から、人生をとらえることができれば、何の問題もありません。

なぜなら、人生の途中でどんなに黒い「ネガティブなコマ」が並んでいたとしても、あなたが生まれた、その瞬間には、間違いなく白いコマが置かれているからです。

この世に肉体を持って生まれてくるというのが、どれほど奇跡的なことか、あなたは考えたことがあるでしょうか？　宝くじに連続して何回も当選するより、少ない確率であなたはこの世に生を受けたのです。どんな人でも愛され、祝福され、喜びと共に、この世に生まれて来たのです。その奇跡の誕生が、白い「ポジティブなコマ」でなくて、何だと言うのでしょう。大丈夫です。そこは絶対で、疑いの余地はありません。

ですから、今ここ、この瞬間にあなたが白い「ポジティブなコマ」を置けば、その間どんなに黒いコマが並んでいたとしても、あなたの人生は一瞬で白い「ポジティブなコマ」ばかりに変わることになるのです。

これは仕事においても、まったく同じ……。

人生において、もちろん仕事においても、今ここ、この瞬間に白い「ポジティブなコマ」を置き続けることが、「自分を愛する力」を使うということです。

確かに今、ここで白い「ポジティブなコマ」を置いたとしても、ここまでの過去の不幸な出来事が消えてなくなるワケではありません。辛い思い出は、そのままかもしれませんが、それが不幸な出来事だったかどうかは、今のあなたが決めれば良いことです。過去がどんなに苦しく、辛かったとしても、あなたが今、幸せを感じていたとしたら……。今、「あるがまま」の自分を本当に愛することができれば、過去の「不幸のような出来事」は、今の「幸せ」を味わうための前菜、オートブルのようなものだったと言えるでしょう。

今ここで、あなたが白い「ポジティブなコマ」を置き、「幸せ」を感じ、「自分を愛する力」に目覚めることが何より大切です。自分のことを本気で愛せない人が、他人を愛することはできませんし、愛してもらうこともできません。自分の仕事を愛せない人が、仕事を通して、愛を分かち合うことはできませんし、愛を分かち合えない人の元に、仕事を通して愛のエネルギーが返って来ることもありません。

「仕事で評価されること」「お金や欲しいモノ、地位や名誉、賞賛を手に入れること」＝「成功」「幸せ」と想っているとしたら、その考え方こそ、「不幸のモト」だと言えるでしょう。それらはみんな、自分の外側にあるものです。自分の外側にあるモノに「成功や幸せ」をゆだねてしまうと、あなたの「幸・不幸」は、自分以外の「何か」次第になってしまいます。**他人など、外側のものに自分の「幸・不幸」をゆだねてしまうことが、実は不幸の最大の原因なのです。**誰かが、何かが、あなたを幸せにしてくれるワケではないと知ることです。

自分の「幸・不幸」は、自分で決めれば良いのです。あなたを幸せにすることができるのは、あなた以外をおいて、誰も存在しません。あなたは自らの「人生オセロ」に……、仕事という名の「ビジネス・オセロ」においても、白い「ポジティブなコマ」を、ただ淡々と置き続ければ良いのです。それが、「自分を愛する力」を活用するということです。

人生の最後の瞬間を「寿命」といいます。「寿命」とは、「命の寿」、お祝いです。

ここにも、間違いなく、白い「ポジティブなコマ」が置かれています。……ということは、「人生オセロ」の最初と最後には、必ず白いコマが用意されているのです。そこで人生というゲームの「環」がキチンと完結し、つながっているのです。

ですから、人生ゲームの途中は何の心配もいりません。仕事は人生ゲームの途中で用意されている、アトラクション、オプショナルゲームのようなもの……。

想いきり、やりたいようにやって、存分に楽しんでしまえばいいのです。

仕事がどうなったとしても、最後は全員、もれなくハッピーエンドが待っています（笑）。

エピローグ　「はづき虹映」のできるまで

自分のことを書くのはあまり好きではないのですが、少しだけ書かせてください。

私は関西の私立大学を卒業して、一部上場の大手流通企業（百貨店）に就職しました。

そこが私の仕事人生のスタート地点です。そこで6年間、販売促進の仕事を中心にサラリーマン生活を経験し、お陰で仕事の基礎を身につけることができて、本当に良かったな～と、今でも当時の同僚や上司、取引先の方々には、こころから感謝しています。

まぁ、自分で言うのもナンですが、そこでは実によく働かせていただきました（笑）。

完全に労働基準法違反ですが、年間休日は20日程度。流通業なので、お盆もお正月もＧＷも、土日も関係なしです。年間の残業時間も2年目で、１０００時間を超え、全社№１になり、上司と共に人事部長に呼び出され、カミナリを落とされたりもしました。それでも3割程度は自主的にカットしていたのですが……（苦笑）。

帰りは毎日、ほぼ終電。会社のデスクの上で寝ていたことも一度や二度ではありませんし、催しの際は完全徹夜が続くこともありました。若いからできたと言えば、それまでですが、「過労死」していてもおかしくないような労働環境でした。しかし、その圧倒的な仕事量のお陰で、実にたくさんのことを効率的に学べましたし、3年目くらいからはヒット企画も連発し、「優秀社員」として表彰していただいたりもしました。

しかし、エラソーに言わせていただくと、そのあたりでちょっと先が見えてしまったのです。当時の社長さんを自分なりに観察して、「このまま、ずっとこの会社に勤めた『最終形』がこれか……」と想ってしまったのです。……で、社内恋愛で結婚した翌年、長男が誕生した年に、周囲の大反対を振り切って、せっかく入った大企業を辞めてしまいました。

そこから一緒に会社を辞めた同僚とふたりで、小さな企画会社を始めるのですが、当然のごとく、苦労します。いかがわしい広告ブローカーに騙されたり、イベントがトラブって、半分ヤクザのような連中に軟禁されたようなこともありました。それでもお陰様で、なんとかパートナーや子供たち、両親に大きな迷惑をかけることなく、食べていくことができたのは、運が良かった、ツイていたとしか、言いようがありません。

お陰様で立ち上げた会社の方は3年くらいで軌道に乗り、拡大路線に……。社員も増え、余裕ができてきて、ゴルフ三昧……。当時は山手に芝生の庭が広がる、そこの家を新築し、外車も2台保有し、イタリア製のブランド物で身を固めていました。そんな時、あの阪神淡路大震災が起きました。そこが次の大きな転機でした。

震源地に近かった兵庫県西宮市のオフィスは壊滅状態。従業員は罹災。取引先は音信不通。イベントの企画や販促・広告関係の仕事がメインだったので、仕事になるハズもありません。さらに、信頼していた相棒とお金のトラブルまで発生して、結局自分で作った会社を離れることになりました。まさに一気に「天国から地獄」です。この震災の経験がキッカケとなり、「目に見えない世界」のことに興味を持ち始め、勉強するようになりました。

最初は、「良い」と想ったもの、興味を持ったものは手当たり次第、買ったり、試したり、セミナーに参加したりしていました。高額セミナーも、怪しいセッションも手当たり次第です。現在の「誕生数秘学」のもととなる「カバラ数秘術」に出合ったのも、この頃です。

本も年間に何百冊と読みましたし、お陰でゴルフセットも、外車も、新築した家まで、すべて手放すことになりました。こう書くと、なんだか悲惨な雰囲気ですが、当時は真剣に農業を中心とした「田舎暮らし」をするつもりで、全国各地あちこちを旅行気分で、家族と一緒に物件探しを楽しんでいたものです。

そうこうするウチに、今度は「コンピューター2000年問題」というものに出くわします。これにすっかりハマりました（笑）。仕事もせず、半年くらい前から、真剣に対策を練り、準備を進め、最終的には「1日1食」「玄米おにぎり1個だけ」という生活スタイルが実践できるまで、肉体改造をしていきました。要はコンピューターの誤作動で、ライフラインが停止し、水や食糧が不足する可能性が高かったので、せめて自分だけでも「食べなくても生きていける身体」を作ろうとしたワケです。しかし、結果はご存知の通り……。とくに大きな混乱もなく、2000年を迎えることができました。しかし、私はガッカリしたのです。何もなかったことにガッカリしている自分……。その自分に気づいて、私は愕然としました。すでに震災から4年が経過し、それなりにスピリチュアルなこともわかっているつもりだったのに……。これが、もっと真剣にスピリチュアルな知恵を学ぶキッカケになりました。今から振り返ると、当時は知識だけはありましたが、実践が伴っていなかったので、知恵として、自分のものになっていなかったのだと想います。

そこからは、もう実践あるのみです。本やセミナーで仕入れた膨大な知識の中から、「良い」と想ったこと、「効果がある」と聞いた方法は即、自分で試してみました。「カバラ数秘術」を使った診断も何百、何千人とやってみました。出来ることは徹底的に実践して確かめました。もちろん、完全にやり遂げることができなかったものもありますが、お金がかからず、すぐにその場でできそうなことは、ほとんどすべて試してみました。

「ありがとうございます」を年間130万回以上、唱えたりもしましたし、「五戒（不平不満・愚痴・悪口・文句・泣き言）」を禁じ、トイレ掃除や神社への参拝、両親への感謝、1日3通のハガキを書くことなども実践しました。その過程で、素晴らしいメンターとも巡り会い、ヒーリングやチャネリングの極意を学ぶこともできました。

そのお陰で2002年ごろから、ドンドン道が開けて来ました。コンサルティングの仕事が入り、講演の依頼も舞い込むようになり、出版のお話も頂戴するようになりました。

初めての商業出版の本は、2003年の6月で、同年12月に出版した二冊目の本、『誕生数秘学の智慧』（アルマット刊）は改訂も重ねながら、今なお売れ続けているロングセラーとなっています。

その中で2004年5月に、心から敬愛していた心友であり、メンターであったAさんが骨髄性の白血病に冒され、亡くなりました。その彼が亡くなる1週間前に、最後の力を振り絞るように、私に電話をかけて来てくれました。

「バランスを大切にしてください。バランスの良さこそ、はづきさんの特徴であり、すばらしい長所だと想います。目に見える世界も目に見えない世界も、同じように大切ですから、どちらも想い切り、味わって、楽しんでください」と……。雨の中、泣きながら、その電話に何度も、何度も「うん、わかった。わかった」と返事をしている私が居ました。そして、その言葉が彼からの最期のメッセージとなりました。

そのメッセージのお陰で、「スピリチュアル・コーチ」はづき虹映が生まれました。

もともと、仕事は大好きです。新しい企画を考えたり、アイディアを形にしたり、どうやったら売れるかを考えることは、得意分野でしたし、それで年間何億と稼いでいた時期もありました。しかし、スピリチュアルな世界に目覚めてからは、現実のビジネスにすっかり興味がなくなってしまっていました。ビジネスの世界であくせく稼ぐのは、レベルの低い人がやること……と馬鹿にしていた時期も正直、ありました。

しかし、それは間違いです。今は亡きメンターが残してくれた「バランス」という言葉……。これが「はづき虹映」を創り出す「タネ」になりました。

私が今、一番、大切にしているスタンスも、もちろん「バランス」です。

21世紀は、「バランスの時代」だと、私は想っています。

「目に見える世界」「目に見えない世界」、どちらにも偏らないバランス……。スピリチュアルも、ビジネスも、同じ視点から語り、同じように取り組み、同じ感覚で楽しめるバランス……。それこそ、これからの「統合・調和」の時代にふさわしい、最も大切な資質だと、私は信じています。

この本が、読者の皆さんにとって、「スピリチュアル」と「ビジネス」のバランスを整え、統合・調和するヒントやキッカケになれば、著者としてこれ以上の喜びはありません。

最後までお付き合いいただき、本当にありがとうございました。

ここまで導いてくださった「目に見えるもの」「目に見えないもの」、あらゆる存在に、こころよりの感謝を込めて……。

はづき虹映　拝

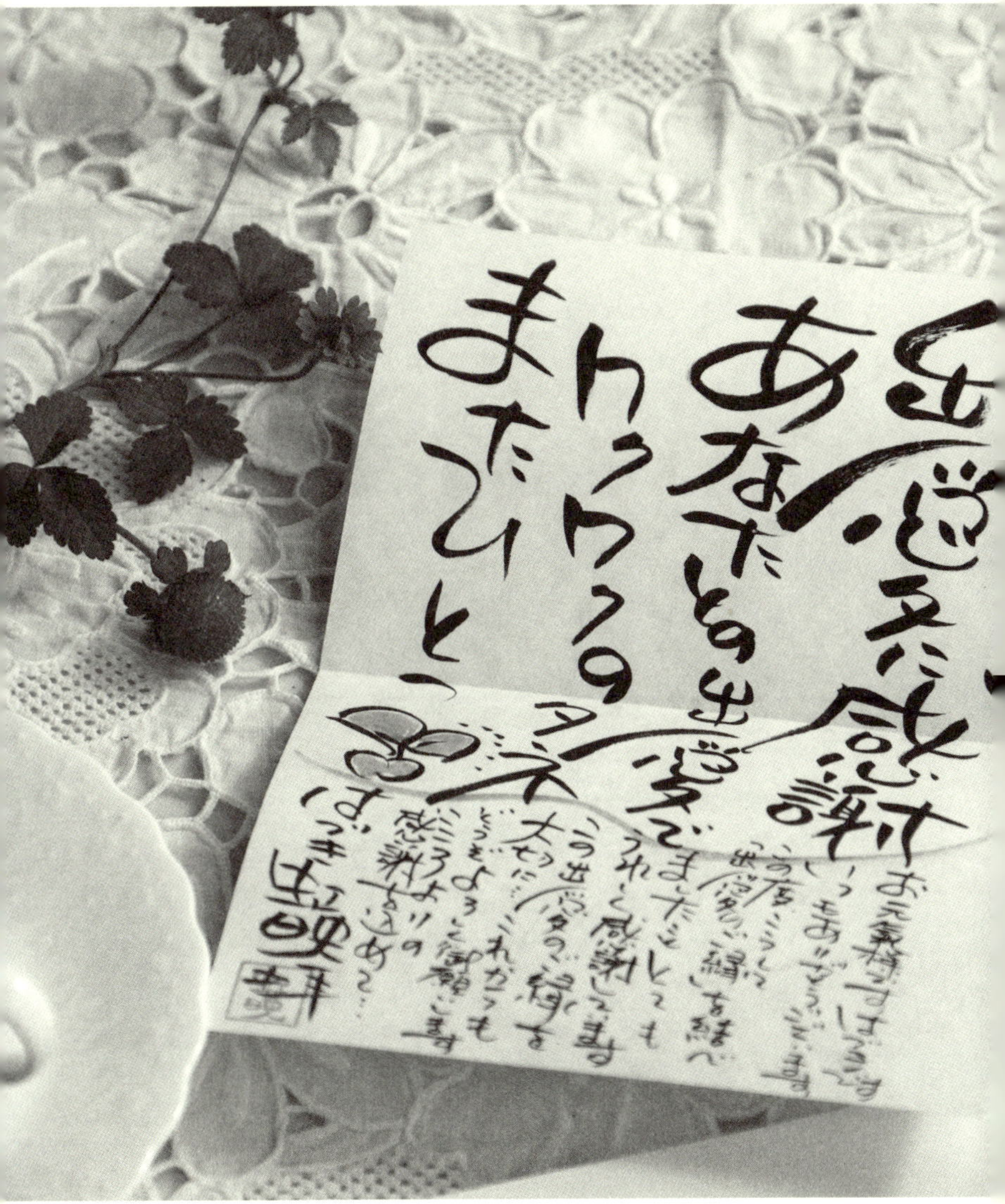
出逢えた感謝
あなたとの出逢いで
ワクワクのタネ
またひとつ
お元気ですか
いつもありがとうございます
この度このような出逢いのご縁を結べましたこと
とてもうれしく感謝しております
この出逢いのご縁を大切にこれからも
どうぞよろしく御願いします
こころよりの感謝を込めて…
はづき

著者プロフィール

はづき虹映（はづき・こうえい）

有限会社「いまじん」代表取締役
兵庫県出身　関西学院大学・経済学部卒
大手百貨店で販売促進業務を担当。輝かしい実績を上げて、独立。

広告代理店・企画会社を設立し、順調に業績を伸ばすが、95年の「阪神・淡路大震災」をキッカケに、「こころ」の世界に目覚め、地球環境問題への取り組みから、有機農業、波動技術、気功、瞑想、占い、心理学、ヒーリング、チャネリング、各種セラピーなどを学び、その効用についても研究と実践を重ねる。98年頃より、各地で主に「こころ」や「スピリチュアル」の分野において精力的に講演活動や勉強会などを主催し始める。

特に古代ユダヤの智慧と言われる「カバラ数秘術」をベースに、現代風に独自のアレンジを施した運命診断法として「誕生数秘学」を確立。著書の発刊と共に「㈳日本誕生数秘学協会」を設立・主宰。全国でその普及と後進の指導にも力を注いでいる。

豊富な経験と深い洞察に基づいた智慧、軽妙なトークを活かして、『数秘学マスター』『スピリチュアル・コーチ』として講演、セミナー、経営コンサルタント、プロデュース業など、全国各地で活動中。

メルマガやブログも大人気。「占い」や「こころ」の分野を中心に著書も多数。累計50万部を超えるベストセラー作家でもある。経営者以外にも、執筆、著述、講演、講師業などをマルチにこなす。

パートナーとの間に授かった5人の男の子の父親でもある。

著書に『誕生日占い』（中経出版）、『シーソーの法則』（大和書房）、『コワいほど当たる「誕生日占い」』（マキノ出版）、『出愛のチカラ』（ゴマブックス）、『2週間で一生が変わる魔法の言葉』（きこ書房）などがある。

一般社団法人　日本誕生数秘学協会　公式HP　http://www.jba-net.or.jp/
オフィシャルサイト　http://www.ima-jin.com/hazuki/
公式ブログ　http://hazuki-blog.cocolog-nifty.com/

スピリチュアル・コーチング

2009年7月1日　　第1刷発行

著　者　はづき虹映
発行者　鈴木健太郎
発行所　株式会社ビジネス社
〒105－0014　東京都港区芝3-4-11（芝シティビル）
電話　03（5444）4761（代表）
http://www.business-sha.co.jp

カバーデザイン／大谷昌稔（パワーハウス）
本文デザイン／エムアンドケイ
写真／城ノ下俊治
編集協力／林彩子（船井ビジョンクリエイツ）
カバー印刷・本文印刷・製本／半七写真印刷工業株式会社
〈編集担当〉野本千尋　〈営業担当〉山口健志

ISBN978-4-8284-1512-3